Paul ADAM
CONTRE L'AIGLE

PARIS
H. FALQUE ÉDITEUR
86 rue Bonaparte 86.
1910

2ᵉ Mille.

Contre l'Aigle

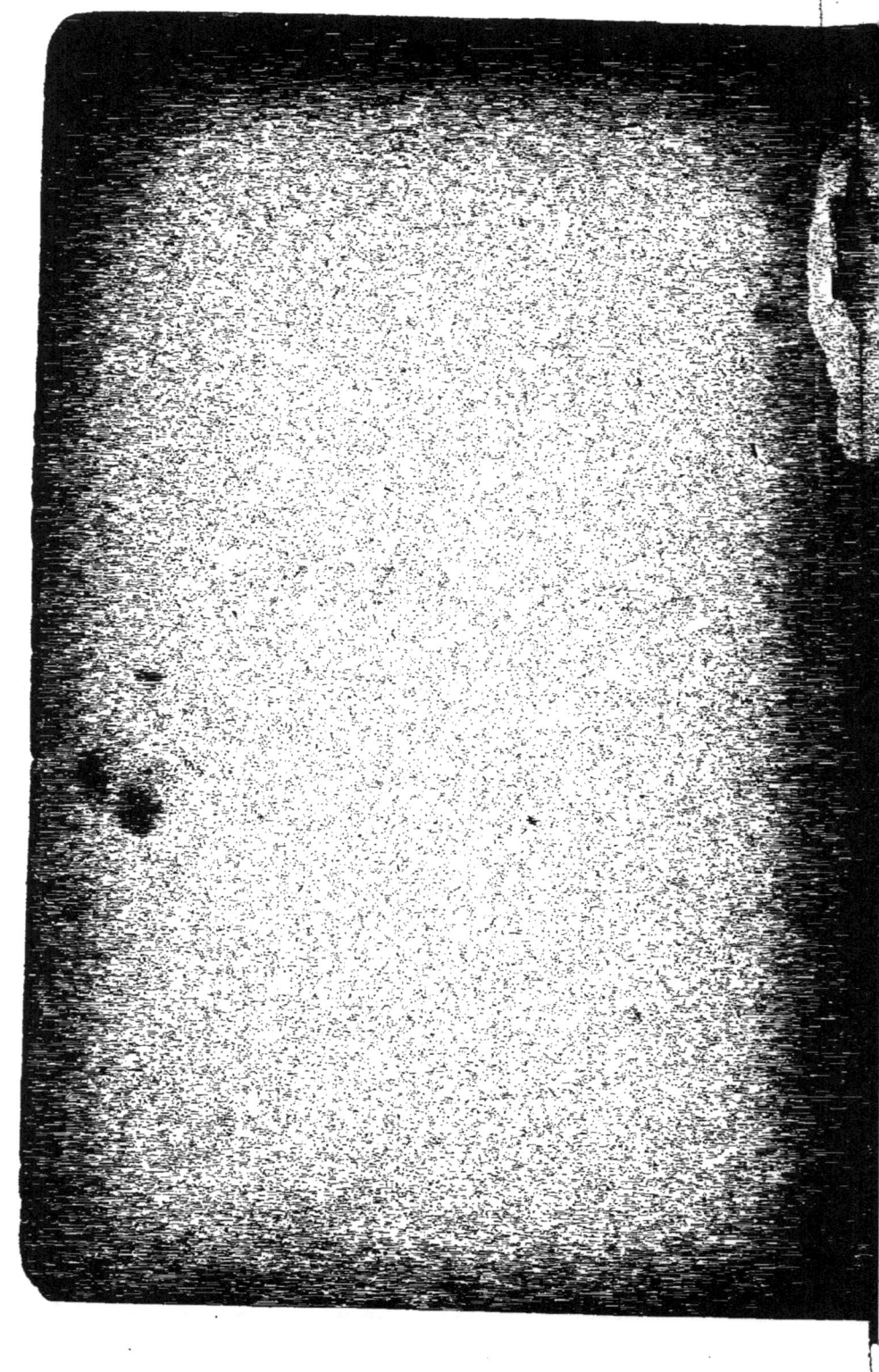

PAUL ADAM

Contre l'Aigle

CONTRE NOUS

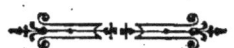

PARIS
H. FALQUE, Editeur
86, Rue Bonaparte, 86

1910

Il a été tiré de cet ouvrage :

10 exemplaires sur Japon, numérotés de 1 à 10 ;
25 exemplaires sur Hollande, numérotés de 11 à 35
et signés par l'auteur.

Tous droits de reproduction et de traduction réservés.

La France maintenant a guéri sa blessure,
Elle est grande, elle est forte, elle est belle, elle est pure,
Et vous vous lèverez un jour tous à la fois,
En entendant au loin chanter le coq gaulois !

Paul BERTON.

Le Gaulois.
    4 septembre 1910.

LIVRE I

Contre l'Aigle

Contre l'Aigle

Paris regorge de gens supérieurs qui ne pensent qu'avec Nietzche, ne sentent qu'avec Wagner, ne boivent que la bière de Pilsen, ne spéculent qu'après Rothschild, n'acclament que la musique de Strauss, la littérature d'Hauptmann, la peinture de Boecklin, les idées de Karl Marx et ne fréquentent que chez les israélites à nom germain.

Ces Français bizarres ne déplorent point la disparition progressive de notre marine, ni l'énervement de notre armée. Ils affectent sur ce point l'indifférence des dilettantes. Ils ont pour Jaurès un culte, même si ce brillant orateur s'exténue afin que nos croiseurs nouveaux ne soient pas entrepris dans les chantiers. Il traduit alors le réel de leurs espérances.

Ces espérances quelles sont-elles ?

Ne serait-il pas temps de l'apprendre avec précision ?

I

L'ENFANT TUÉ

Poursuivant la campagne engagée par le prolétariat de Prusse contre l'autocratisme, le « Vorwaerts » invita tous les socialistes de Berlin à manifester le dimanche 3 avril de 1910, en l'honneur du suffrage universel pour le Landstag, et cela malgré la bestialité de la police prussienne. Bestialité dont nous connûmes quelque chose en 1870, lorsque les cavaliers de Hohenzollern massacrèrent deux cents mobiles prisonniers, l'un de ceux-ci ayant osé boire sans permission l'eau d'une fontaine. Les journaux de Francfort nous enseignaient naguère comment persiste cette barbarie dans les âmes que dresse le hobereau prussien.

Parmi cent autres blessés, un enfant, ce dimanche-là, fut à Bochum, foulé sous les pas des chevaux, transporté mourant à l'hôpital, pour avoir contemplé dans cette petite ville, la force morale du peuple réclamant à l'empire les droits élémentaires du citoyen, ces droits pour lesquels la France libératrice de la Révolution a combattu vingt ans, pour lesquels, plus tard, elle a chassé de Magenta et de Solférino les oppresseurs de la liberté latine, pour lesquels Miranda, Bolivar et San Martin, instruits par le triomphe de notre République avaient affranchi l'Amérique du Sud, après que Washington, aidé de notre Lafayette, eut délivré les Etats-Unis du Nord. L'enfant de Bochum apprit à l'école, sans doute, ces vérités de l'histoire moderne ; mais ses parents désespérés savent aujourd'hui, qu'il faut encore acheter, au prix du sang le plus pur et le plus précieux, la licence de vivre avec honneur et raison sur la terre où l'aristocratie prussienne maintient ses traditions d'autorité cruelle et belliqueuse.

La presse allemande tout entière protesta contre cette bestialité de la police à cheval et à pied qui renverse, écrase, sabre sans pitié les passants inoffensifs, les dames en promenade outre ces ouvriers créateurs de la prospérité allemande, qui en moins de trente ans firent de leur patrie, jadis pauvre et stérile, la concurrente redoutable de l'Angleterre et des Etats-Unis. Les cent cinquante mille travailleurs qui manifestèrent, ce dimanche, au parc de Treptow et au Thiergarten, représentaient les foules laborieuses grâce à qui l'Allemagne est devenue la troisième puissance sur la liste des nations exportatrices. Tandis que le Yankee vend au monde pour 9.602 millions de francs, le Germain vend pour 8.460 millions ; et le Français, trop bêtement occupé de ses querelles religieuses, pour 5.596 millions seulement. Si la race des Hohenzollern entretient l'armée, la flotte qui lui permet de commander l'Europe, c'est l'argent fourni par les industries rhénanes, westphaliennes et silésiennes qui lui sert les impôts nécessaires à cette formidable puissance. La récompense de ce don sans pareil, les ouvriers allemands la trouvèrent alors dans les prisons et les hôpitaux de Berlin, de Solingen, de Remscheid, de Bochum, de Magdebourg, d'Altona.

Cette même férocité souleva durant la révolution russe, tous les paysans de Courlande contre leurs barons allemands, familles nobles harcelées par la colère d'un peuple qui, sous le joug intolérable, avait senti le devoir de reconstituer sa littérature lettone, son énergie nationale, et d'abattre la tyrannie des féodaux teutons. On se souvient du scandaleux discours de Guillaume II aux troupes envoyées en Chine. Il leur interdit de faire quartier !

La Pologne à cette heure, gémit sous l'autorité cruelle qui l'écrase, qui oblige les instituteurs de torturer les enfants mal enclins à l'amour de la langue germanique. Les Etats-Unis recueillent les émigrants silésiens et poméraniens qui fuient la férocité des sergents, des mouchards, des juges et des geôliers impitoyables pour le conscrit, l'ouvrier en grève, le malheureux. Naguère, Berlin et Francfort furent ensanglantés lâchement par les sabreurs. Au parc de Treptow, la brutalité de l'impérialisme prussien, de nouveau essaya de contraindre la volonté d'une foule en espoir de juste liberté. Les deux Allemagnes s'affrontèrent.

On put espérer que les socialistes et les radicaux de France proclameraient leur indignation contre l'autocratie du kaiser, comme ils l'ont proclamée contre l'autocratie du tsar ? Pouvions-nous l'espérer ?

Non. Pourquoi ?

Nous ne savons quel pacte étrange lie certains orateurs de la démocratie française à la politique des hobereaux prussiens et des pangermanistes. On a vu ces politiciens, ici libertaires anticléricaux, protecteurs de l'ouvrier, se déclarer les défenseurs des féodaux et des prêtres marocains qui avaient poussé leurs fanatiques au meurtre d'ouvriers français, de médecins français venus gagner sur la terre d'Afrique, un salaire meilleur en soignant les malades, en conduisant la locomotive, en accroissant la valeur des troupeaux et du sol. Cette volte-face vers le féodalisme des cheiks et le cléricalisme des imans, cette volte-face opérée dans le sang chaud de nos travailleurs, comment l'expliquer ? Veut-on servir les manigances des agents gagés par Hambourg et par Brême, les villes concurrentes de nos produits, c'est-à-dire de nos salaires, c'est-à-dire de notre prolétariat !

Stupéfiante contradiction.

Cette fois, les travailleurs sabrés à Berlin, à Francfort, ne parlaient pas français. Nul ne put dire que notre parti nationaliste excitait les faubouriens de la Sprée contre les agents de la Prusse pour contenter Paul Déroulède et son esprit de revanche. Ni M. Jules Lemaître, ni M. Denys Cochin n'influencèrent les groupes qui manifestèrent au parc Treptow. Si la bestialité de la police prussienne écharpa des citoyens réclamant un droit aujourd'hui reconnu comme élémentaire dans la vieille Europe, dans le Nouveau Monde, en Perse et en Australie, M. Jaurès lui-même ne saurait prétendre que c'est le juste châtiment d'indignes manœuvres concertées par nos réactionnaires boulangistes. Les hobereaux et les exportateurs pangermanistes eurent le droit de faire au Maroc, tuer par les hordes cléricales des imans, nos ouvriers, nos médecins avec l'approbation de M. Hervé. Apparemment cette approbation leur fut-elle refusée puisque les victimes cette fois, semblent allemandes. Et l'on put espérer que nos leaders du socialisme français convieraient le prolétariat de Prusse pour combattre la cruauté de l'aristocratie impérialiste. C'eût été une grande et importante nouveauté : L'internationale des prolétariats dans une véhémente et commune réprobation de toute tyrannie.

Ainsi en advint-il, de 1793 à 1807, où tous les libéraux de l'Europe aidèrent en chaque pays les armées de la révolution française, attaquant et domptant les armées des monarques. Les orateurs du socialisme français apercevraient enfin que, s'il est opportun et philosophique de s'unir aux socialistes allemands, on les trahit en secondant soit au Maroc, soit ailleurs, la victoire des maîtres prussiens qui les crossent, les sabrent et leur refusent les droits de l'homme civilisé.

II

LES DEUX ALLEMAGNES

Il y a deux Allemagnes, l'une nous est connue depuis Mme de Staël. C'est l'Allemagne laborieuse, éclairée, sentimentale. L'autre nous est connue depuis Hardenberg, Blücher et Bismarck. C'est l'Allemagne asservie par une Prusse impérialiste, réactionnaire, inhumaine. L'alliance avec les idées et les aspirations de l'une ne doit point nous rendre esclave humble de l'autre.

Or, à Berlin, le centre catholique et bourgeois céda naguère volontairement la présidence du Reichstag à un hobereau agrarien. Le Parlement se livra ainsi à la politique réactionnaire et pangermaniste, par crainte des gauches. Cela, quelques jours après le discours du député national libéral Stresemann, réclamant ou à peu près une guerre douanière avec la France, et obtenant de M. Debruck, secrétaire d'Etat à l'Intérieur, cette réponse : « Je dois me borner à faire savoir que nous avons amicalement représenté au gouvernement français que l'abolition de son tarif douanier actuel mettrait en danger nos relations politico-commerciales ».

Méditons ces paroles. A lire l'*Officiel*, on apprend ceci : Notre tarif douanier fut voté par la Chambre en vue de garantir à nos producteurs, les conditions de vie industrielle et commerciale exigées par eux, afin de rémunérer un peu moins mal nos ouvriers. Ceux-ci donc, se trouveront atteints dans leur existence, soit qu'ils chôment davantage, soit qu'ils touchent moins, si le Reichstag allemand, soutenu par la menace des hobereaux pangermanistes, impose une réduction de nos récents tarifs, et l'ouverture de nos marchés à une concurrence ruineuse. Au prolétariat français, comme au prolétariat prussien, les hobereaux et les bourgeois de Berlin déclarent la guerre. Ces gens entendent exploiter les travailleurs des deux nations à leur gré, sans contrôle, avec la menace du sabre ou du canon.

Cependant, ces vrais créateurs de l'opulence et de la grandeur germaniques, s'indignent contre l'ingratitude qui les tue. De Breslau, sept mille mineurs annoncèrent leur grève si le système électoral prussien n'était pas changé. Ailleurs, les forces du prolétariat se mobilisèrent. Admirons combien, ici, fut timide la protestation des socialistes français. Ceux-là mêmes qui, après l'abominable exécution de Ferrer surent lancer deux cent mille parisiens contre l'ambassade espagnole, ceux-là se gardèrent bien de manifester contre la tyrannie des impérialistes prussiens. Qu'il fasse assassiner nos travailleurs au Maroc ou qu'il massacre le prolétariat internationaliste dans les rues de ses villes, le gouvernement des hobereaux pangermanistes est assuré d'une indulgence relative auprès de tous les Jaurès.

Aux hervéistes qui proclament leur parfaite indifférence devant le problème de se réveiller Français ou Allemands, il doit être pénible d'entrevoir comment les traitera le vainqueur d'outre-Rhin le jour où la sottise aura trahi les destins de la nation libératrice. Les discours du Chancelier Bethmann-Hollwegg et les sabres des policiers berlinois répondent à l'ignorance historique de pions inconscients. Au lendemain d'un autre Sedan, ce serait la Prusse de Bismarck et non l'Allemagne de Bebel qui rétablirait l'ordre parmi les fameux « Pioupious de l'Yonne ». D'autres uhlans fouleraient aux pieds de leurs chevaux les enfants des écoles antimilitaristes où l'esprit de M. Hervé enseigne par l'entremise de voix extraordinairement naïves.

Ce n'est pas qu'il faille renier l'espoir d'établir quelque jour la paix entre les Celtos-Romains, les Germains, et les Slaves d'Europe. Maintes fois, j'ai moi-même décrit la justice et la sagesse de cet état futur. J'ai démontré qu'en principe les patries tendent à la totalisation, que la guerre est, en notre ère de civilisation scientifique, une monstrueuse folie des aristocraties belliqueuses. Aux deux conférences de La Haye, j'eus la chance de suivre les débats et de connaître les pourparlers moins officiels. Or, si plus de quarante puissances essayèrent de fonder alors l'arbitrage obligatoire, seuls, le Japon, l'Allemagne et l'Angleterre se sont formellement opposés à l'examen du principe. Ces nations exigèrent le maintien préalable du recours à la force. Elles refusèrent de discuter le texte de l'obligation.

Par sa position géographique, l'Angleterre peut être considérée comme hors de l'Europe. Son ambition militaire vise surtout à notre époque, les contrées lointaines et la domination des Océans. On pourrait, sans Albion, établir l'arbitrage entre les patries continentales.

Au contraire, l'Allemagne alliée de l'Autriche,

oppose soixante-quinze millions d'hommes enrégimentés et disciplinés aux pacifistes et aux internationaux européens. Elle menace constamment. Hier, par cette menace, elle obligeait la Russie à tolérer l'annexion de la Bosnie-Herzégovine. Le César de Berlin ouvrait ainsi le chemin de Constantinople au César de Vienne. Cause de guerres futures. Au Maroc, nous dûmes laisser le brigandage et le fanatisme continuer leurs ravages et leurs massacres dans ce magnifique pays, sans quoi l'armée de Metz se ruait sur Nancy. Ironiques, les pangermanistes vantent la guerre en tous leurs écrits, comme la fin inéluctable de leur politique. Alors que les Latins, les Tchèques et les Hongrois, les Flamands, les Bataves, les Russes désirent, à La Haye, la paix sincère et définitive entre les peuples du vieux continent, seuls les Germains, trop asservis à leurs hobereaux, imposent le principe de la tuerie pour loi suprême. Ils l'ont emporté dans les Conseils de La Haye, en terrifiant. Le rire sardonique du Teuton a pour dents quatre millions de baïonnettes inexorables. Et ce rire à chaque instant promet de mordre la chair des Anglais, des Français et des Russes, s'ils ne cèdent au premier signe.

L'enfant tué à Bochum, n'est pas seulement un pauvre mioche de prolétaire que la rage d'une police immola ! C'est maintenant l'image même de la liberté naissante et meurtrie par une caste de tyrans odieuse à l'univers. C'est aussi le symbole sanglant de la fraternité promise par nos antimilitaristes à la simplicité de ceux qui suivent les erreurs de l'hervéisme. Cet enfant tué à Bochum, qui sait s'il n'est pas la première victime d'une aristocratie prête à bientôt étouffer, dans la catastrophe d'une guerre épouvantable, les espoirs des prolétariats européens trop près de conquérir, en Prusse même, toute la justice sociale.

III

LES TROIS NOËLS D'EISHEIM

Parce que l'Armée de la République Indivisible forçait alors les fameuses lignes de Wissembourg, mon bisaïeul avait pu conduire à temps ses dragons sur Eisheim, chasser du village les Kaïserlicks, éteindre l'incendie dans la ferme des Keller, enfin reprendre aux « Valets des Tyrans » vingt-trois sacs d'écus et de louis, pécule de ces braves gens. Leur famille conserva, depuis 1794, des relations suivies avec la nôtre pour cet exploit.

Dès que je sus manger proprement à table, j'appréciai comme un de nos principaux festins, celui de Noël. Dinde rissolante et truffée, boudins blancs, pâté de lièvre, omelette aux flammes de kirsch, ces délices culinaires étaient « un » des présents annuels envoyés par nos amis d'Alsace.

A Pâques, leurs nouilles régalaient notre gourmandise et, à la Saint-Hubert, un sanglier entier venu dans son poil rude. On ne buvait que la bière brune des Keller, à partir de juin sur notre balcon du boulevard. De père en fils leur gratitude se manifesta par une série de cadeaux jamais interrompue et que justifiaient à leurs yeux tous nos anniversaires, mariages, naissances, fêtes chrétiennes et politiques. En retour, mon grand père, le colonel, et mon père l'inspecteur des Postes, obtinrent des ministres tant royaux qu'impériaux le privilège de soumettre, dans Eisheim, le cours de la Lauter aux nécessités industrielles des moulins Keller.

Avant de les connaître personnellement, mon imagination enfantine se représentait ces généreux expéditeurs de victuailles ainsi que des Gargantuas pansus, joufflus et débonnaires.

J'avais dix ans lorsque mon père tomba malade à Strasbourg pendant qu'il y réorganisait les services des bureaux ambulants sur la ligne de l'Est. Ma mère et moi fûmes le rejoindre. Après la guérison, nous dûmes céder aux instances de nos amis et nous allâmes célébrer, dans Eisheim, la Noël de 1869.

Jamais mon espoir de petit Parisien n'avait soupçonné une telle crèche, ni les statues grandes comme de vrais bergers, comme de vrais rois mages, ni la hauteur du sapin planté dans la grange avec cent bougies radieuses qui projetaient les ombres de l'assistance sur les draps blancs des murs, aux vertes guirlandes pleines de roses en or. Il y avait beaucoup de belles jeunes filles debout. Elles chantaient en chœur, les mains jointes entre leurs tabliers de dentelle et leurs corsets aux lumineuses broderies. De larges joues à fossettes et bien savonnées étaient celles des petits garçons. En entrant, ils ôtaient leurs toques de poil jaune, puis se tenaient sages, droits dans leurs vestes à boutons de métal, dans leurs pantalons courts. On leur distribua des galettes et des pantins, selon les avis du maître d'école. Lui portait encore les souliers à boucle, les bas bleus et le gilet écarlate sous la longue redingote noire. Dans leurs costumes d'Alsace, les vivants me semblèrent des jouets aussi bien que les bonshommes de bois et de pâte coloriée.

De ces poupées parlantes, Augusta Keller fut la plus gracieuse. Elle ne me quitta point ce soir-là. Elle accompagna ma mère lorsque sonna l'heure de me coucher ivre de joie, de cris, de danses, de bonbons à liqueur. Je touchais la demoiselle comme on palpe un cadeau de bazar au sortir de la boîte. Il m'étonna que sa montre ne fût pas un disque de carton, ni sa boucle d'oreille un fil de cuivre, ni son parfum un relent de colle et de vernis. Ma mère voulut débarrasser la jeune fille de mes impudences ; mais Augusta prétendit qu'il lui fallait apprendre les jeux des marmots pour devenir, à son tour, une maman. J'abusai de sa charmante patience.

Peut-être les tragédies qui, l'année suivante, épouvantèrent mon enfance, ont-elles, en moi, fortifié par contraste, le souvenir de ces heures pacifiques. Après 1870, la douloureuse figure de l'Alsace, cause de mille gravures et légendes, obséda trop notre vie de collège pour qu'un petit Parisien pût oublier rien de cette fête antérieure au désastre. Quarante ans plus tard, je crois respirer encore, au matin, les effluves de la cire sur l'architecture des meubles en chêne qui décoraient nos chambres, et toute la ferme des Keller. Je crois aspirer encore le froid du vent, celui de la neige balayée devant la porte ogivale, devant le perron de dix marches, entre les deux bancs de pierre qu'abritait la saillie du premier étage sur piliers de bois. Je dessinerais encore les grappes de raisins bleus peintes à la détrempe, en manière de frise, contre la façade crépie de rose où se croisaient les poutres apparentes de la construction. Je tracerais sans erreur les arbres des vergers environnants. Leurs branches chargées de givre séparaient les toitures des maisons voisines limitant la place de la Fontaine, derrière laquelle se tassaient les quatre rues du bourg. Quatre rues pleines d'enseignes drôlatiques, de petites épiceries, de petites charcuteries, de petites merceries, de petites serrureries, de bons juifs affables au centre de leurs boucles grasses, et tout en courbettes dans leurs redingotes fourrées.

Le déjeuner fut magnifique et tumultueux. Le saumon d'argent sur sa planche emmaillotée de serviettes, le buisson d'écrevisses, les vins blonds qui luisaient dans les verres glauques aux armoiries de couleurs, les vins sombres qui rougeoyaient dans les calices de cristal, les bières qui moussaient dans les hanaps à facettes, l'éclat des vaisselles sur les dressoirs, les fumets des viandes solennellement apportées par les bras roses des servantes aux acclamations des convives, les chansons des gaillards, les trinquades par-dessus les pâtisseries, les compotes, le bouquet tricolore, toute cette abondance de nourriture et de joies m'empêcha de comprendre l'essentiel de cette fête. On fiançait Augusta Keller avec le représentant de la maison Hernstein de Dresde, neveu des patrons.

Cependant, mon amie, par malice, demanda

mon avis sur le monsieur. J'examinai le front blanc, la barbe fauve, la poigne ferme qui serrait le ventre d'une chope. La compagnie se tut pour entendre ma réponse timide. J'interrogeai les yeux de ma mère que ma sottise possible inquiéta. Mon compliment fut l'attendu, car de bons rires éclatèrent. La lourde poigne abandonna la chope pour saisir ma menotte. La jeune fille m'étouffa presque en m'embrassant.

Elle me dit qu'elle se marierait bientôt avec ce large gaillard. « Ce n'est pas vrai ! » protestai-je aussitôt. Et l'on ne put me convaincre, tant il me parut impossible que cette demoiselle au corset de broderies et à la tresse d'or pût aimer le front blanc, la barbe touffue et les yeux pâles de l'invité. Je ne pus expliquer les motifs de ma négation. Simplement, la fille me semblait trop gentille, le monsieur trop grave. Sa barbe m'était comme la toison d'une bête hardie, et son front comme une pierre dure qui blesse en cognant. La douceur des yeux bleuâtres, des lèvres roses ne me semblaient pas le signe principal de cette tête carrée, la portion d'oie rissolante que la bonne posait dans mon assiette accapara toutes mes facultés.

Or, je le sus dans la suite, ma protestation suscita toute une controverse. Le vieux Keller n'aimait pas les Saxons qu'il jugeait perfides et serviles. Bien qu'il ne trouvât rien à blâmer dans les façons du neveu Hernstein, pouvait-on pardonner à la race qui, dans les plaines de Leipzig, avait trahi les idées libératrices de la France pour assurer le triomphe des Impériaux et de la Sainte-Alliance ? Augusta ne pouvait savoir ; mais son père, son frère Frédéric, l'ingénieur, eussent dû prévenir l'écervelée. A quoi Frédéric répondit que les anciennes querelles de l'Europe étaient finies. Les peuples fraternisaient partout. Jules Favre annonçait, de Paris, l'alliance des nations. Les ouvriers des moulins Keller s'affiliaient à l'Internationale des Travailleurs. Enfin, le rêve de Jean-Jacques Rousseau se réalisait. Tous les peuples, assagis et libres, se donnaient la main. Ils ne permettraient plus que les souverains commandassent des massacres pour leurs ambitions. C'était aussi l'espoir de mon père. Et tous de railler l'octogénaire aux boucles blanches qui avait, en 1814, vu reparaître, dans Eisheim, les Impériaux chassés par mon bisaïeul, et aussitôt les granges brûler de nouveau, les garçons trop fiers pendus aux branches basses des hêtres, les officiers-barons cravacher le maire, leurs soldats insulter les femmes, piller les maisons, rançonner le bourg, réquisitionner les fourrages et les grains, comme sous l'ancien régime que la Révolution Française avait aboli.

Le vieillard détestait les Allemands et les Russes. N'avaient-ils pas rétabli, disait-il, le pouvoir des tyrans sur le monde, après Waterloo ? On me montra la miniature de mon bisaïeul. Il avait, lui, porté partout la liberté avec les dragons de la République et de l'Empire. C'était un héros noble et généreux ; tandis que les Autrichiens, les Allemands... Et le vieux Keller se plaignit des Hernstein à voix basse. Ces Saxons-là convoitaient les moulins Keller avec Augusta, pour régenter Eisheim, pour commander aux cultivateurs dont ils achèteraient ou refuseraient les froments. Peut-être auraient-ils la brasserie un jour. Alors ils obligeraient les planteurs de houblon et d'orge à leur obéir, puis toute l'Alsace. L'intrus déjà cherchait à vendre la mauvaise bière de ses oncles dans Eisheim. Mais jamais personne ne voudrait de sa piquette, observa l'ingénieur des moulins. La concurrence n'était pas dangereuse. Et les Alsaciens se mirent en joie. Ils allumèrent le tabac dans les fourneaux en porcelaine de leurs grandes pipes à glands. Le vieux replaça la miniature de mon bisaïeul sur le marbre du bahut, en prononçant : « Il ne faut pas unir les cœurs indépendants avec les cœurs serviles. Cela ne fait jamais de bons ménages. » Serviles, oui ! Le neveu de Hernstein avait écrit à son baron une supplique pour lui demander la permission de se marier en France. Augusta la demandait-elle, la permission à quelqu'un, elle ?

Ces récriminations ne prévalurent guère contre la gaîté du vin que l'on buvait à belles rasades pour arroser les rôtis, les ragoûts, la gigue de chevreuil, la salade de truffes, les purées de légumes, les desserts copieux et monumentaux. Dehors la neige blanchit, en tourbillonnant, l'espace. Et cela rendit plus précieuse la joie chaude émanée des bouches pleines, de la cheminée flamboyante, de la salle et de ses bruits, de ces servantes pareilles à de grandes poupées galonnées, de ces bonshommes en gilets de couleur et en redingotes spacieuses, en guêtres de cuir et en bas de laine. Un peu gris, je doutais qu'ils fussent vivants, sinon par les artifices de la fée Mélusine.

Par les teintes nettes de son visage, par le contraste franc de ses yeux noirs et de ses bandeaux blonds, par le clinquant de sa chaîne en or, de sa broche, de ses bagues, de ses boucles d'oreilles, par le velours vert de sa jupe et les broderies jaunes de son corset noir, Augusta Keller me sembla l'illusion d'une vie provisoire ; d'autant plus que, passive et bonne, attentive aux paroles de Hernstein, elle me laissa l'escalader, la pincer, la délacer à demi, l'embrasser et l'attaquer sans beaucoup de résistance. De mes pires agaceries, elle rit en maîtrisant parfois mes mains audacieuses. Je fus si content de cette fête que, soudain, je glissai des registres empilés sur ma chaise afin de me grandir. Je courus remercier ma mère de son cadeau : ces marionnettes admirables surgies dans les cercles de neige que traçait au dehors la magicienne, évidemment.

Lorsque l'on apporta la cave à liqueurs, le vieux Keller l'attira vers lui. Il avertit que c'était une boîte à musique, et qu'il la devait à mon bisaïeul, le dragon de la République. En effet, la cassette de tuya arborait, sur ses flancs, les faisceaux de licteur et les bonnets phrygiens qui symbolisaient, en marqueterie, la Loi des Conventionnels. Ayant versé les liqueurs, le vieux Keller arrangea des ressorts. La machine joua très allègrement la *Marche de Sambre-et-Meuse*, le *Chant du Départ*, la *Carmagnole*, la *Marseillaise*. Emerveillé, je ne me lassai pas d'entendre ces airs anciens qui étaient alors séditieux. En sa qualité de fonctionnaire impérial, mon père le fit observer. Le vieillard reconnut l'excessif de sa témérité. Comme excuse il invoqua le souvenir de ses parents. Eux avaient, mille fois, écouté ces ritournelles, les larmes aux yeux, en bénissant le donateur et sa vaillance qui avait repris au pillage la fortune créatrice ensuite des moulins Keller et de leur prospérité. Cependant, le vieux tourna d'autres boutons ; et ce fut une ariette.

Là-dessus, Hernstein se leva, vint prendre Augusta par la main. Galamment, ils dansèrent, au milieu des fumeurs, un pas d'Allemagne. Bien qu'il portât des bottes à cœur, une culotte trop collante, sous la polonaise à brandebourgs, ce Saxon n'avait pas vilaine allure. Son costume me le rendait plus amusant. Tous deux me furent un couple de poupées somptueuses qu'on faisait, pour moi, baller, tourner, valser, au son de la cave à liqueurs. Chacun buvotait pieusement les élixirs.

Frédéric et Augusta nous conduisirent à la station dans le char à bancs. Au passage, l'ingénieur nous indiqua les maisons que sa famille possédait dans les rues d'Eisheim, qu'elle louait aux juifs souriants, aux mercières, aux épiciers des petites boutiques. Par delà le bourg, les champs que la jeune fille nomma dépendaient de sa dot. Les chevaux s'arrêtèrent devant les moulins. Frédéric me montra les énormes roues de bois alors immobiles dans les vannes gelées, et, à l'intérieur des bâtiments, les couples de meules géantes, les arbres de transmission, les trémies. Lui-même avait organisé, sa sœur le dit, tous les nouveaux mécanismes. Il comptait introduire la vapeur, au printemps, dans les annexes en construction. Hernstein l'aiderait beaucoup. On commanderait en Prusse les générateurs, là-bas moins chers qu'au Creusot. « Moins chers, vraiment ? » demandait mon père. Hernstein le prouva tarifs en mains. Et Frédéric vanta l'association des peuples, leur libre concurrence par-dessus les frontières qu'on allait abolir, comme l'assuraient Jules Favre et les Républicains. L'ingénieur s'exaltait. Ses longs cheveux d'étudiant, il les relevait sur son front clair. Il empoignait son cœur à travers son paletot pour le prendre à témoin de sa foi. Il sautillait avec ses guêtres à boucles. Il battait des mains. Je riais, tant mes marionnettes étaient plaisantes. A la gare de Wissembourg, je pensai fondre en larmes en quittant Augusta. Ses lèvres chaudes caressaient ma joue. Ses bras doux serraient mon petit corps fringant.

Je ne la revis que vingt ans plus tard, à la Noël de 1889.

Les hasards de la politique m'avaient, en ce temps-là, confié la mission de faire triompher, à Nancy, les socialistes patriotes lors des élections générales. J'avais obtenu la victoire de mes deux collaborateurs ; mais j'avais moi-même échoué au second tour devant la coalition des conservateurs et des opportunistes. Frédéric Keller m'avait écrit un mot de consolation ; et Augusta Hernstein avait, en post-scriptum, sur la même lettre, invité ma mère à fêter la Noël, une fois encore, dans Eisheim, puisque nous étions au pays voisin. Notre amie ajouta que nous trouverions les choses, les êtres bien transformés, sauf la cave à liqueurs de mon bisaïeul, et les vieux airs de la Révolution.

Avant de regagner Paris, nous cédâmes à l'envie de revoir ce bourg d'Alsace. Mon pauvre père, jusqu'à sa mort, en avait conservé l'image vive qu'il décrivait toujours si la conversation évoquait l'histoire de 1870, et le sort des provinces annexées.

Ma mère me fit remarquer d'abord que l'entête des lettres ne portait plus « Moulins Keller », mais bien « Société des Minoteries Hernstein » en allemand et en français.

Dès la frontière, nous souffrîmes à l'aspect du soldat coiffé du casque à pointe d'or, vêtu de la tunique bleue, armé d'un poignard en fourreau de cuir qu'orne un lourd gland de laine blanche. Il y avait une station à Eisheim, avec un soldat pareil sur le quai. Nous ne reconnûmes pas tout de suite Augusta sous ses cheveux grisonnants et son chapeau de feutre, ni dans sa casaque de drap vert. Cependant le bon sourire de jadis la désigna quand elle aperçut les traits de ma mère. Et elle s'inquiéta de nos mines, de nos santés, jusqu'à ce que nous fûmes parvenus, dans son breack neuf, à la maison édifiée sur la place de la Fontaine. « Succursale, pour l'Alsace, des Minoteries, Docks et Entrepôts Hernstein, de Dresde », était-il inscrit en noir sur un panneau gris. Deux aigles impériales protégeaient l'exergue.

Nous nous regardâmes, ma mère et moi. Augusta surprit notre brusque tristesse. Sa figure un peu blême, amaigrie, cessa de sourire. Nous nous débarrassâmes de nos manteaux devant un faisceau de hallebardes fausses. Sur les hampes, des crochets à chapeaux étaient vissés. Dans le salon, les trépieds des cachepots en faïence élevaient, devant les fenêtres, des arbustes conservés dans le vernis, des fuchsias de satin rouge, et des tournesols en velours jaune. Considérable, la pendule représentait le pylône du Temple de Louqsor ; et le cadran était ingénieusement suspendu entre les deux murs qui perpétuaient, en gravure profonde, les exploits du Pharaon. Augusta prévint nos reproches en déclarant que c'était le goût de son mari. Elle était bien obligée d'y souscrire parce que, dans leurs affaires, il fallait avant tout contenter les clients ou les courtiers d'Allemagne. Ces gens venaient là passer des marchés pour les fournitures militaires. Le blé, l'avoine du domaine Keller, entretenaient, dans les casernes, l'énergie des uhlans et la vigueur des chevaux destinés à l'envahissement de la France, dès la première heure de mobilisation. Justement Hernstein en voyage, devait alors signer avec l'intendance prussienne.

— Que voulez-vous ?... Quand on n'a pas été les plus forts ! soupirait Augusta.

Elle eût pu nous épargner ces renseignements ; mais je pressentis qu'elle savourait un étrange plaisir à nous communiquer la rage sourde dont elle pâtissait depuis vingt ans, sous le joug conjugal du saxon. Nous lui rappelâmes son admirable costume de fiançailles, l'excellence des vins, la beauté du vieux mobilier alsacien, les figures de son père silencieux et géant, de l'aïeul aux boucles blanches, de sa foi jacobine. Augusta, tout à coup, fut fermer la porte du salon peinte en rose avec des filets verts. Notre amie se mit à marcher de long en large, depuis les cachepots à fleurs de velours jusqu'à la pendule égyptienne. De la belle fille potelée, charnue, coiffée de bandeaux de lumière et d'une tresse flottante, il ne restait qu'une haute dame sèche, ridée, sous des frisures poivre et sel, dans un corsage à grelots de métal et dans une jupe de couleur panade à effilés bleus...

— Enfin... s'écria-t-elle, voilà des gens qui pensent comme moi. Vous aussi vous préférez le souvenir de nos bahuts et de nos vaisseliiers, de notre horloge à personnages qui défilaient sur le coup de midi... comme dans la cathédrale de Strasbourg... Vous aussi, vous aimez la mémoire des vieux qui reposent au cimetière... Mais, alors j'ai raison, j'ai raison ! Tout ce luxe de Berlin et de Dresde est affreux, ma robe est grotesque, mes frisures sont hideuses... C'est bien ce que je pense. Et il ne fallait pas reléguer dans la cuisine, dans la buanderie, les meubles de mes parents où les servantes les abîment et les encrassent... Alors, j'ai raison de souffrir. Je ne suis pas une incorrigible paysanne qui ne saura jamais prendre les belles manières de Munich ni de Stuttgart ! Merci... Vous me faites du bien... Ah ! vous me faites du bien. Si vous imaginiez tout ce que je souffre depuis vingt ans que nous ne nous sommes pas vus... Mon mari ? Je ne peux rien lui reprocher... Pendant la guerre, à grand'peine, il put obtenir de ne pas se battre contre les Français ; et cela par délicatesse à mon égard, à l'égard des miens. Bismarck l'a envoyé sur un vaisseau dans la mer des Célèbes, pour soumettre les sauvages en révolte de l'île Wurdt. Hernstein est revenu avec une affection du foie, sans que jamais le pauvre homme fasse allusion à la cause de ce mal qui abrège sa vie. C'est un vrai chevalier... bien qu'il voyage pour les farines et les fourrages, qu'il place des machines à vapeur, des rails et des appareils électriques. Il doit revenir ce soir. Vous l'apprécierez aussi. Mon frère lui-même, qui l'exècre, le respecte pourtant. Mon frère est ruiné pour avoir rompu leur association, et avoir voulu relever les moulins Keller en rétablissant la concurrence contre les minoteries Hernstein. Vous pensez : la lutte du pot de terre contre le pot de fer. Mon mari avait toutes les banques de Dresde à sa dévotion. Il ouvrit à ses clients des crédits d'une année. Il acheta les récoltes en avril, sur pied. Frédéric succomba. Généreusement, notre directeur lui a offert, dans les bureaux de la minoterie, une place parmi les ingénieurs dessinateurs, à cinq cents marks par mois. Savez-vous ce qu'il fait, Frédéric ? Il économise ses appointements pour recommencer la lutte un jour. Et je le comprends... Hein ? vous le comprenez aussi... Et tout de même nous sommes injustes. Les Hernstein sont de braves gens. Voyez les belles maisons qui entourent la place de la Fontaine, à présent. Elles appartiennent aux cultivateurs que les minoteries enrichissent en multipliant les affaires, partout... Eh ! bien, c'est justement tout cela, tout ce succès, toute cette prospérité qui nous rendent la vie atroce à Frédéric et à moi, au milieu des vainqueurs. Car ils ne peuvent s'empêcher de commander. Nous nous sentons esclaves, esclaves... Je vous présenterai ma belle-sœur Frida. Elle est veuve. Elle dirige tout ici avec mon mari... C'est elle qui aime les fleurs en satin, c'est elle qui a choisi ce gros fauteuil ducal au dossier argenté. C'est elle...

Frida Golesberg ne tarda point à se montrer. Elle était grande dans une longue robe de velours brun à raies de satin jaune, et sous une chevelure arrangée en coques, couronnée de fleurettes en porcelaine de Saxe. Son amabilité fut extrême. Elle offrit à ma mère une touffe d'œillets rouges, touffe expédiée d'une serre de Dresde sur commande télégraphique, en l'honneur de nos opinions que symbolisait cet emblème. Tout de suite, cela lui valut de paraître à nos yeux mêmes la maîtresse de la maison. Hernstein, qu'on avait entendu rentrer, mit quelque temps à descendre. Il vint nous saluer en frac et en escarpins découverts sur des chaussettes à jour. Comme je m'excusai d'être en jaquette de voyage, il crut me mettre à l'aise en avouant que chaque fois il dînait ainsi... Cette tenue le délassait de ses fatigues. Les Anglais possèdent le sens du confort. On n'est bien le soir que frais dans du linge frais. Hernstein pressa gentiment sa femme d'aller revêtir une toilette digne de Noël. Frida l'y obligea même.

Jusqu'au dîner, nous parlâmes amicalement. Hernstein approuva mes idées. Au point de vue français, expliqua-t-il, la meilleure manière de retarder les ambitions conquérantes du pangermanisme, c'est de montrer les dents. Le peuple allemand ne suivra jamais les fous dans une guerre longue, difficile et coûteuse, en pleine évolution économique, sauf le jour où la victoire lui paraîtra facile. Pour lui, négociant, il redoutait le conflit comme la ruine même de tout l'avenir allemand. Aussi avait-il déploré l'insuccès de notre parti. Les hobereaux prussiens allaient trop aisément démontrer l'affaiblissement de l'esprit militaire gaulois, et la commodité de nous vaincre encore. Là-dessus, Frédéric Keller entra, mal barbu, chauve, hâve et farouche. Sans doute afin de ne pas sembler inférieur, il avait revêtu un habit démodé, sur une chemise effilochée et un gilet blanc trop large. Le pantalon noir verdi n'était pas de la même étoffe que le frac. Les souliers ferrés, noués de ficelle noircie avec l'encre du bureau, complétaient mal l'ensemble de cette tenue. Frédéric n'en afficha pas moins une arrogante froideur pour serrer les mains des quatre messieurs et des trois dames qui survinrent, en toilette de soirée, qui s'assirent sur les gros fauteuils argentés.

Pendant le dîner, identique à tous les dîners d'hôtel, la même conversation se répéta. Ces dames comblèrent d'éloges nos comédiens et nos vaudevilles, la cuisine française qu'elles pensaient alors déguster sous les espèces d'un sec turbot sauce mousseline, de cette poularde à demi cuite nageant dans l'eau salée d'un jus inconsistant, de ces filets de chevreuil à l'unique saveur de marinade, de ces charcuteries montées sur gélatine, et de cette glace servie dans un iceberg au creux duquel chancelaient trois ours de porcelaine. Frida trônait en face de son frère, à la place d'Augusta. Je devinai, entre ces deux caractères, les drames intimes que certifiait ce protocole insolite. La Saxonne triomphait de l'Alsacienne.

Après le repas, nous fûmes voir la crèche et l'arbre de Noël dressés dans l'orangerie. Les personnages de pâte ne dépassaient pas la dimension des poupées ordinaires. Le couvercle rabattu de leur boîte servait de plancher aux rois mages, tandis que le reste du coffre formait la chaumière du miracle. Augusta nous présenta ses huit garçons. Les uns avaient le front démesuré de Hernstein et peu de cheveux blonds. Les autres perpétuaient le grand nez de Frida.

— Ce sont des jeunes gens très sages, trop sages, trop studieux... nous dit la mère... Ils ne m'ont jamais donné qu'un chagrin, celui de ne ressembler en rien aux Keller, sauf l'aîné. Justement, il fait son volontariat.

Une paire de glands blancs pendillait sur le sabre du jeune cavalier imberbe, très bombé dans son plastron d'uniforme. Il nous fit, à la prussienne, des révérences brusques sans que son monocle lui glissât de l'œil. Néanmoins, quand il parla, toute la malice critique du vieux Keller ressuscita dans ses phrases d'étudiant gouailleur.

— Je ne peux pas le voir dans cet uniforme, murmurait Augusta. Il est bien plus gentil en civil... Mais que dites-vous des autres... Le sang des vainqueurs a chassé de leurs veines notre sang de vaincus...

— Oui, oui... grogna Frédéric... Ce ne sont pas seulement nos forteresses qu'ils ont conquises. Ce sont nos terres, nos commerces, nos fortunes, les chairs de nos sœurs, et l'avenir de notre race.

Nous fûmes interrompus par l'une des dames. Elle voulut encore vanter notre divette à la mode et les pièces de Labiche afin de se montrer le plus aimable possible avec des Français frivoles.

Prodigieusement, Frida mangeait et buvait. Elle encourageait chacun à ouvrir la bouche toute grande pour ingurgiter des tartes et des meringues, des lampées de Porto et de Tokay. La crème coulait sur le menton de la convive la plus élégante, habillée en reine du moyen âge. Cette gloutonnerie atteignit son comble pendant le souper de minuit.

— Ce n'est plus le fricot de maman Keller... soufflai-je à l'oreille d'Augusta, pendant que nous renoncions à déguster un homard englué de sauce américaine.

— Si je pouvais partir avec vous !

Or toute la compagnie s'exalta en bravos. Le volontaire apportait la cave à liqueurs musicale. Il souriait à Augusta. En même temps Frida déposait devant nous un magnifique bouquet tricolore. Gênés par cette ostentation de générosité envers les vaincus, et qui confirmait trop notre défaite, nous remerciâmes, ma mère et moi, les maîtres de céans. Nous serrâmes à la ronde les mains frénétiques. Alors le frêle mécanisme de la Révolution, mis au point par le soldat, commença de chevroter les premières mesures de la *Marseillaise*. Hommes et femmes, les convives, se levèrent et prirent une posture rigide, grave, comme s'ils rendaient les honneurs aux morts de la bataille.

Je n'osai pas regarder ma pauvre mère par peur

de la voir pleurer. J'ouïs le petit frémissement de ses narines... Eh quoi, ces gens ne comprenaient-ils pas qu'à nous consoler ainsi, de toute la force de leur chance, ils nous humiliaient atrocement ? Je me contins. Ils faisaient pour le mieux, franchement, avec une sympathie très sincère. J'en étais sûr. Nous leur devions de la reconnaissance. Je dirigeai les yeux sur la vieille cave à liqueurs en tuya qui gardait à ses flancs, les faisceaux et les bonnets phrygiens de la République. Et j'attendis, dans l'anxiété la plus âpre, la fin du morceau. Mon cœur bondissait. La sueur ruisselait dans mes mains. Toute l'âme de la patrie française, par l'âme de mes ancêtres, souffrait en mon sang rapide et tumultueux. Il y eut un hoquet de la vieille mécanique ; un arrêt ; puis le refrain se termina... dans le tonnerre des bravos allemands.

— Vive la France, lumière du monde, mère de la liberté des peuples !... clamait le joli soldat bleu de Prusse.

— Hoch ! hoch ! hoch ! hurrah !... s'écriait l'assistance des messieurs en frac, des dames décolletées. Elles levèrent leurs éventails jusqu'aux pendeloques du lustre.

Un sanglot gémit. Affaissée sur une chaise, Augusta pleurait dans ses mains pâles. Nous l'entourions.

L'année 1909, je me suis rendu à Eisheim encore. Devenu collectionneur, manie de vieil homme, je recherche les choses de la Révolution. J'aurais voulu mettre, sous une de mes vitrines, la cave à liqueurs de mon bisaïeul, entre les miniatures qui le représentent dragon vert aux épaulettes penchées, et aux revers amarante. Mes lettres écrites sur ce sujet aux Keller et aux Hernstein n'ayant obtenu que des réponses vagues, j'avertis Frédéric que j'irais lui demander, à Noël, ma part de souper, « comme tous les vingt ans ». Quatre pages m'invitèrent en me remerciant dans les termes les mieux faits pour m'enorgueillir. Les dernières lignes m'avertissaient qu'Augusta vivait avec son frère, maintenant, et que leur hospitalité, par malheur se ressentirait de leur infortune, qu'au surplus la cave à liqueurs était toujours entre leurs mains.

Quand j'arrivai le soir de Noël, il me fut difficile d'assimiler à Frédéric Keller le rustre qui me reçut dans ses bras, en retroussant une pèlerine rapiécée sur un costume de velours à côtes déformé, blanchi. Au bas de son crâne chauve, quelques boucles grises assez longues attestaient seules le souci de signifier au monde que l'homme restait un penseur, à tout le moins un artiste. Il m'emmena vers une carriole découverte où nous accueillit mal un paysan bourru. L'attelage s'enfonça dans les tourbillons de neige fine. Ils glaçaient nos visages. Frédéric Keller parla peu d'abord. J'estimai que les oreilles du croquant n'avaient point à savoir nos confidences. Je me tus également. La carriole s'arrêta bientôt au bord des champs. Frédéric me fit descendre. Il m'indiqua le sentier. Il me fit discerner loin derrière les flocons, une petite lumière, celle de son logis. Je fis quelques pas avant qu'il me rejoignît. Les adieux de l'automédon ne semblaient pas amènes. Des jurons allemands insultèrent le filou de français. Frédéric riposta dans les mêmes termes. Je m'arrêtai en l'entendant courir vers moi. Il me demanda trois francs pour la voiture. Je les donnai. Frédéric fut les remettre au paysan, outre un fameux paquet de sottises. Quand l'ingénieur me revint, essoufflé, furibond, il s'excusa de n'avoir pas eu de monnaie. Il me montrait une pièce d'or, l'unique en sa possession, sans doute. Je feignis de croire à son aisance. D'ailleurs le vent et la neige empêchaient nos propos de se multiplier.

— Voici... finit-il par m'avouer... ce qui reste du domaine des Keller : cette maisonnette qui fut autrefois la cabane de notre garde-chasse, ce petit bois, ces quelques arpents de neige. Ma sœur a gardé ce lopin insaisissable et inaliénable par suite de dispositions testamentaires. Nous avons voulu, elle et moi, lutter contre le vainqueur. Elle a repris sa dot à Hernstein, quand j'eus économisé, sur mes appointements, une dizaine de mille francs. Nous avons commandé aux moulins Keller, une fois encore. La lutte dura cinq ans. Nous avons perdu la partie suprême. Aujourd'hui nous bêchons nous-mêmes ce petit champ. Nous y plantons nos légumes Augusta Keller, à genoux... A genoux, vous entendez ! Augusta Keller arrache les pommes de terre qui sont notre seul profit... Entrez, ça lui fera grand plaisir de vous voir...

Elle me tendit les bras du fond de la pièce enfumée par une mauvaise lampe à pétrole. C'était cette pauvre vieille avec une dentelle nouée sous le menton, et une robe d'étoffe noire dont un tablier de soie, coupé par places, cachait les taches et les trous. Cependant, la soupe aux choux répandait une odeur exquise. Sur la table de bois cirée, la bière moussait au bord du pot. La dinde achevait de rôtir sous la hotte de la cheminée où les bougeoirs de cuivre s'alignaient, où le fusil de chasse était suspendu. Je baisai douloureusement les mains calleuses d'Augusta, ces lamentables mains autrefois blanches et onctueuses, maintenant gercées, noueuses, entamées par la lame des sarcloirs. On me présenta deux hommes timides engoncés dans des paletots crasseux. Mécaniciens des Keller autrefois, puis de Hernstein, ils avaient perdu leur position, car des ouvriers saxons et westphaliens faisaient, à demi prix, le même travail. D'abord les Alsaciens avaient refusé, pour un si médiocre salaire, de s'exténuer. De place en place, le concurrent les avait chassés. Et voilà qu'ils avaient dû consentir aux labeurs de la glèbe. Et il en était ainsi dans Eisheim, par tout le pays, de Wissembourg à Strasbourg. Les immigrants de Saxe, de Wurtemberg et de Prusse accaparaient les emplois rémunérateurs. Ils rejetaient dans la campagne les anciens contremaîtres des usines. Et là même, le travail à deux marks pour onze heures manquait l'hiver. Si Augusta Keller ne les avait pas recueillis, que seraient-ils devenus ?... Ils racontaient leur malechance en avalant la soupe exquise, puis en dévorant leur morceau de bœuf à l'étouffée.

— Dans la guerre, voyez-vous... conclut Frédéric... le plus terrible, pour le vaincu, ce n'est pas la déroute du champ de bataille. Ce sont les conséquences lointaines de la défaite.

— Monsieur Paul, il appartenait à votre génération de nous délivrer... Ils n'ont pas seulement pris les forteresses. Ils nous ont pris notre pain quotidien aussi.

— Nous vous avons attendus quarante ans...

— Nous vous attendons toujours... gémit Augusta...

Je baissai la tête. Je songeai à mes vaillances d'enfant. Je rappelai que, de mon temps, il n'y avait pas, au lycée, d'élèves pour apprendre l'anglais. Nous suivions tous le cours d'allemand afin d'imposer notre loi dans cette langue à l'ennemi enfin battu. Et puis cette ardeur s'était amoindrie peu à peu. Les patriotes avaient été soudain reniés par la Nation en 1889. Enfin les théories de la fraternité internationale avaient prévalu parmi les élites.

— Comme nous applaudissions Jules Favre !... Ah ! la fraternité des peuples !... Augusta n'a pu rester avec Hernstein. Frida Golesberg l'a évincée ! Et le fils aîné d'Augusta, vous savez, le petit que vous avez vu sous le casque à pointe ? Eh bien ! comme tous ses frères, il a rompu avec sa mère, parce qu'elle ne voulait pas obéir à la discipline de la famille allemande, à l'autorité de Frida !... Obéir !

— Ils ont pris l'esprit de mon fils aussi, et l'affection de mon fils aussi.

— Et moi, j'ai vécu six mois en prison pour crime de lèse-majesté. Dans une discussion avec celui qui m'avait supplanté dans l'usine, il paraît que j'ai insulté leur Empereur en public.

— Le crime de lèse-majesté au XXe siècle !

— Comme au temps des Impériaux.

— Des Impériaux dont votre aïeul nous délivra avec les armées de la République !... Nous vous attendons encore.

— Nous vous attendons encore.

— Nous n'avons pas accompli notre devoir nous... murmurai-je accablé, honteux... Nous, en France. Non, nous ne l'avons pas accompli.

Silencieusement Augusta Keller fut ouvrir la huche. La pauvre femme apporta, sur la table, la cave à liqueurs, Frédéric toucha les ressorts... La mécanique usée commença de chevroter la *Marseillaise* de 1794.

Les têtes dans les mains, nous écoutions. Il y en eut un qui toussa pour dissimuler ses sanglots... Augusta Keller s'essuyait les yeux avec ses mèches blanches, parce qu'elle n'avait pu retrouver son mouchoir.

De la route, des voix allemandes apportées par le vent, chantaient Noël.

— Ah !... pleurait Augusta... Noël... Noël... Viendront-ils jamais ici les Rédempteurs ?...

Pourtant la musique ancienne et frêle carillonnait encore, doucement, l'hymne des libérateurs, malgré les hurlements de l'hiver passager.

4

IV

L'ESPRIT D'OPPRESSION

L'anniversaire des batailles qui valurent à l'empire d'Allemagne le sceptre de l'Europe, grâce à la stupéfiante ignorance de nos généraux bonapartistes, suggère, en Alsace-Lorraine, des regrets plus cruels à ceux dont les âmes tolèrent mal la discipline insolente des immigrants poméraniens, maîtres et patrons, maintenant, du prolétariat engendré par les compatriotes du maçon Kléber. Mécontentes de leur destin germanique, les foules des annexés s'agitent. A Metz, l'une déposa quelques couronnes de feuillages sur le monument dédié au fils du tonnelier qui devint maréchal de France après avoir lutté vingt ans pour la Révolution contre les Impériaux de la Sainte-Alliance. Un jeune Lorrain exprima par un discours français l'émotion de ses concitoyens qui, fêtant le jacobin Ney, vainqueur d'Elchingen et d'Iéna, répondaient ainsi à l'emphase de la démonstration accomplie sur les collines de Gravelotte par les vétérans des Hohenzollern.

Quelques jours après cette manifestation et le vol glorieux de nos aviateurs à la frontière, le correspondant du *Journal des Débats* lui adressait la note que voici :

« Le succès du Circuit de l'Est a exaspéré les journaux pangermanistes qui, depuis quelques jours, prennent violemment à partie les Alsaciens-Lorrains. Les *Hamburger Nachrichten*, l'ancien organe du prince de Bismarck, accusent le gouvernement de Strasbourg de faiblesse et prétendent que la condescendance de celui de Berlin qui ne cesse de faire des concessions de toutes sortes à la Terre d'empire, est seule cause de l' « impertinence française ».

« Les « fruits de la politique du comte de Wedel » sont l'objet d'un long article des *Dresdener Nachrichten*, où il est dit entre autres :

« La francisation de la terre d'empire fait aujourd'hui déjà des progrès éclatants. La Prusse a trouvé des moyens pour réduire le polonisme dans les marches de l'Est. Par contre les marches de l'Ouest se francisent de plus en plus. L'empire assiste à ce spectacle les bras croisés, il encourage et récompense même l'insubordination des Alsaciens-Lorrains par l'octroi des droits d'autonomie.

« La terre d'empire s'organisera de la sorte en Etat indépendant, de telle façon qu'en cas de conflagration mondiale, dans laquelle nous devrons prendre les armes contre toute l'Europe et dont, par là même, l'issue pourrait être douteuse, les deux provinces pourront s'empresser de se joindre à la France, au cas où nous serions réduits à la défensive.

« Le fait de créer une terre d'empire a été une maladresse ; mais couronner cette maladresse par l'établissement de l'autonomie, ce serait là une monstruosité qu'il est impossible d'accepter sans protester.

« Les *Leipziger Neueste Nachrichten* constatent que l'Alsace-Lorraine n'a pris aucune part à la commémoration des victoires de 1870-1871 et que seuls des vétérans venus d'Outre-Rhin se sont rencontrés sur les champs de bataille.

« Mais avec le *Reichsbote*, organe de la cour, il semble bien que l'indignation atteigne les limites du ridicule. L'écrivain pangermaniste Kurt von Stranz, y reproche gravement aux fonctionnaires allemands en Lorraine de se servir de la langue française, puis il ajoute :

« Une poigne ferme forcera les Alsaciens-Lorrains à aimer la patrie allemande. Les Alsaciens-Lorrains sont devenus, au point de vue politique, des enfants à qui le fouet est nécessaire s'ils ne sont pas sages, et ils deviendront d'autant plus mal élevés que leurs parents manqueront davantage de cette autorité inflexible qui est nécessaire à toute nation comme à toute famille. »

Ces esprits rebelles à la germanisation, après quarante ans d'essai, redoutent en effet que le sort de la Pologne prussienne finisse par leur échoir : sort intolérable. Dans leur belle étude sur la *Pologne vivante*, deux écrivains excellents parmi ceux que les idées séduisent et qui ne se contentent pas de conter les sempiternelles amours au clair de lune, MM. Marius-Ary Leblond, viennent de constater, en philosophes et en ethnographes avertis, l'horreur de la nation polonaise pour le dominateur prussien, alors qu'elle accepte le régime libéral des Autrichiens, alors qu'elle souffre, malgré tant de cruautés mêmes, les façons du Russe. En effet, elle se souvient que ce furent les Berg et les Kotzebue, Prussiens d'origine, au service de Pétersbourg, qui tour à tour, étouffèrent dans le sang les insurrections légitimes. Ces « caporaux » firent régner l'ordre à Varsovie, d'abord par le massacre, ensuite par la délation, l'emprisonnement, la torture, le fouet. « Hier encore, après la Révolution de 1906, le tzarisme, se repentant d'avoir introduit plus de Russes dans les bureaux depuis l'avènement d'Alexandre III, recourut à une nouvelle escouade d'Allemands pour restaurer le système d'oppression, notamment pour décatholiciser l'enseignement, le réorganiser policièrement en l'assujettissant au Ministère de l'Intérieur, et introduire l'espionnage dans l'école. La majorité des espions s'avouent Allemands. Dans les insurrections récentes, les Polonais ont toujours été vendus, non par des juifs, mais par des Allemands qui opèrent en même temps à la solde de Saint-Pétersbourg et de Berlin. Après avoir énuméré les atrocités du gouvernement moscovite, les Varsoviens concluaient toujours : « Et l'ennemi, c'est l'Allemand, « non le Russe. D'instinct, irrésistiblement, nous « détestons l'Allemand parce qu'il est servile, mili- « tariste, aveuglément esclave d'un empereur « guerrier »... Il persécute avec intellectualité, par prétention et perversité d'esprit, telle qu'il glorifie même l'espionnage. »

Or, dans leur *Histoire générale*, MM. Lavisse et Rambaud attestent que, « sous Alexandre III, la russification des provinces polonaises fut élaborée à l'image et à l'instar de la germanisation en Alsace-Lorraine ». Dès lors, nous imaginions aisément pourquoi les Messins ont rendu, le 15 août, cet hommage à la mémoire de Ney, qui laissa les douves et la doloire de son père pour le sabre du hussard propre à faire triompher la force de la Révolution contre les armées de la tyrannie germanique. Sous le joug des patrons et des financiers prussiens, le peuple de Lorraine rêve au maçon, au tonnelier nouveaux qui sortiront de ses rangs pour unir à leurs noms de prolétaires ceux de victoires futures remportées non loin de quelque Mayence ou de quelque Iéna.

Il importe à tous de lire, dans l'ouvrage de MM. Marius-Ary Leblond, les chapitres qu'ils intitulent : *les Responsabilités de l'Allemagne, l'Organisation de la Calomnie*. Ils indiquent la campagne de presse entreprise, durant le XIXe siècle, par les chefs du protestantisme germanique contre la catholicité polonaise. Les Torquemadas du luthérianisme ne sont pas moins acharnés que ceux du papisme. Sous l'inspiration évangélique des pasteurs, toute la géhenne fut restaurée afin de mettre à la torture la race malheureuse des Sobieski, préalablement déshonorée dans les livres et les gazettes à l'esprit huguenot. Bjœrnstjerne Bjœrnson lui-même invectiva contre les Polonais par une diatribe imprimée à la fois dans les journaux anglais, autrichiens, allemands, et jusque dans telle de nos publications où, d'ailleurs, la thèse pangermaniste est fréquemment défendue sous prétexte d'internationalisme scientifique. J'ai nommé le *Courrier Européen*.

Très bravement, au risque de passer pour réactionnaires devant les singuliers socialistes qui rêvent de nous livrer sans armes et sans énergie aux uhlans du parti Junker, MM. Marius-Ary Leblond rétablissent la vérité. Ils montrent avec quel opiniâtre machiavélisme les oppresseurs de la Pologne russe et prussienne tentent de justifier leurs exactions. De même les pangermanistes vilipendent les Alsaciens-Lorrains qui protestent contre le régime d'exception auquel ils demeurent livrés, qui refusent les projets de constitution dérisoire offerts par la condescendance de l'empire, qui flétrissent les vexations de toutes sortes infligées aux amis de la Révolution, de ses principes et de sa tradition française. Les auteurs des vigoureux romans où la vie coloniale nous apparut sincère, nombreuse et merveilleusement colorée, les philosophes de la *Société française sous la Troisième République* et de l'*Idéal au* XIXe *siècle*, ont, dans leur étude sur la Pologne, analysé, avec un talent magistral, les pensées criminelles maîtresses des destins que subissent douloureusement les millions d'hommes vaincus à la fin du XVIIIe siècle par les armées de l'Ordre Teutonique et par les chefs prussiens des armées russes...

A Varsovie, on compta 315 suicides en la seule année 1907.

Qui pourra, sans émotion indignée, connaître les pages consacrées à *l'œuvre de corruption* que poursuivent les oppresseurs, afin d'énerver la race, de la diviser, de l'avilir et de la ruiner ? Œuvre vaine, heureusement, puisque dans la Silésie même, le polonisme progresse. Entre les deux dernières élections au Reichstag les suffrages en faveur des candidats polonais s'accrurent de 100.000. A Breslau grandit une bourgeoisie polonaise qui domine la ville. Prolifique et active, la vitalité des autochtones immerge, en Posnanie, l'audace des conquérants et des immigrés. Le Polonais écoute son curé qui lui défend d'épouser une Allemande et d'alourdir ainsi le beau sang des ancêtres. Quand il s'exile, pour trouver de meilleurs salaires en Prusse, en Westphalie, sur le Rhin, il garde cette foi, cette prudence, fût-ce à Essen, non loin des Alsaciens-Lorrains auxquels, tout à l'heure, ses syndicats vont tendre la main. Car en Allemagne propre, la persécution cesse de harceler les dévôts de saint Stanislas qui furent, soit dans les provinces rhénanes, soit en Galicie autrichienne, la menace du gendarme, après avoir été affamés par un boycottage officiel interdisant l'achat de leurs marchandises, l'emploi de leurs talents, l'usage de leurs forces. « Dans un village mixte, un enfant allemand étant mort, le pasteur accourut, non pour consoler les parents, mais pour leur prêcher que, s'ils commandaient le cercueil chez un menuisier slave, il n'enterrerait pas religieusement le petit cadavre... »

J'ajoute à ces traits qui abondent au cours du livre scrupuleux et sain de MM. Marius-Ary Leblond, un simple récit seulement. Il servira de conclusion à toute controverse engagée avec ces dangereux germanophiles, prompts à nous conseiller la quiétude, l'européanisme, l'alliance, voire la sujétion.

On y verra ce qu'apporte au prolétariat annexé de l'Empire cette fameuse moralité affermie par la *haute culture allemande*.

« Un ouvrier mineur en retraite, ayant mis de côté 3.000 marks après le labeur de toute sa vie, acheta un terrain et, muni de l'autorisation nécessaire, se mit à bâtir une maison pour y finir ses jours avec ses enfants. Mais un fonctionnaire prussien passa un nouvel examen et reconnut que la maison était située dans une zone de colonisation où des Allemands seuls pouvaient bâtir. Et l'ouvrier dut cesser d'habiter sa maison. Il alla avec sa famille dans une grange voisine, y plaça un poêle. La grange devenait habitation : on l'en expulsa. Alors, il creusa dans la terre un trou. L'administration voulut l'en chasser encore. *C'est la loi*, lui disait-on. Lui, devenu furieux devant la bureaucratie implacable qui s'acharnait à le torturer, abattit le gendarme qui venait l'expulser. Puis il se tua à son tour. »

Il est vraiment inutile à un peuple d'avoir engendré Kant, Gœthe, Hegel, Wagner et Nietzsche, pour former une élite capable d'accomplir officiellement un crime pareil, stupide autant que féroce.

V

SOCIALISME

ET ANTIMILITARISME

Ici, douze cent mille hommes, la plupart dans la force de l'âge, et beaucoup instruits par l'officier de la caserne au maniement des armes, tous exaltés par le journal, le discours de l'apôtre socialiste, tous indignés contre tous ceux qu'ils nomment l'iniquité du Régime Capitaliste, tous exaspérés par la disproportion entre leurs besoins et leurs facilités d'y satisfaire, tous convaincus de l'urgence, tous pauvres, irrités, humiliés, famélistes et simplistes, votèrent, le dimanche 24 avril 1910, pour le principe de la Révolution Sociale, tel que le servent des Unifiés.

Leur succès grandit. Deux cent mille voix

s'ajoutent à celles obtenues lors des élections dernières. L'intelligente distinction entre la petite propriété rurale, considérée justement comme matière première, comme outillage du travailleur, et la moyenne ou grande propriété, tenues seules dans le domaine des capitalistes, valut aux syndicats unifiés la sympathie des villageois en Indre-et-Loire, Drôme, Deux-Sèvres, Var et Gard, régions presque entièrement pavoisées par le drapeau de Jaurès. Dans mon pays de Seine-et-Marne, le candidat unifié, un typographe de Meaux, à qui les prophètes accordaient deux ou trois cents voix avant l'ouverture de la campagne, puis sept ou huit cents suffrages avant les premiers scrutins, en a recueilli deux mille deux cents. Les radicaux ayant permis qu'on les divisât pour deux candidats ridicules, un épicier et un marchand de vins, ceux-ci se désistèrent en faveur du typographe au second tour. L'ouvrier ne battra sans doute pas le conservateur, avocat estimé, plus radical que légitimiste ; mais si la discipline de gauche s'appliquait strictement, le défenseur de la propriété n'aurait ici qu'à s'effacer devant le communiste. Le cas n'est pas exceptionnel. M. Compère-Morel, de même, gagna, dans la région d'Uzès, les cultivateurs auparavant réactionnaires, parce que leurs chefs cléricaux avaient voulu renverser le radical du lieu par l'alliance de leurs troupes avec les socialistes. Ainsi que le note sans joie un rédacteur des « Débats », les paysans enrôlés une fois sous le drapeau rouge ne reviendront plus au drapeau blanc.

Donc les douze cent mille ont, dans les campagnes un parti. La neutralité des dix-huit millions d'agriculteurs leur semble acquise en tous cas. Dès ce moment, si une nouvelle Jacquerie agissait avec courage, la Droite l'observerait plus qu'elle ne la combattrait, dans l'espoir que les pillages exaspéreraient la masse.

Cette Jacquerie, que trouverait-elle devant ses éclaireurs ? Le radical, installé dans le fief de sa circonscription, plus solidement, il est vrai que les barons d'autrefois en leurs donjons, et cela grâce aux faveurs qu'il dispense, aux dégrèvements, licences, exemptions de service militaire, indemnités agricoles, ponts, voies ferrées, gares, décorations, qu'il obtient des ministres en échange de son vote majoritaire. Ce féodal commande une clientèle assouvie ou alléchée par des promesses à réalisations probables ; mais il a contre lui le mécontentement de ceux qu'il n'a pu satisfaire. A l'heure du choc, ceux-ci ne bougeraient point d'abord, prêts à devenir transfuges. En effet, la féodalité radicale peut, dès aujourd'hui, compter maintes défections dans ses rangs. Son orateur, le député Breton désigne la thèse de la Représentation Proportionnelle comme le programme de ses adversaires. On s'est donc compté sur ce point ? Malgré l'appui tumultueusement apporté par M. Clémenceau, à la théorie des fiefs électoraux, elle subit un échec grave.

La féodalité radicale se compose de petits bourgeois, de commerçants au détail, encadrés par des médecins et des vétérinaires, des avocats et des officiers ministériels. En foule, les commis, les fonctionnaires, et les instituteurs désertent son étendard, attirés par le prêche syndicaliste. Le sociologue peut affirmer que l'énergie combative n'est pas l'apanage des boutiques. Les douze cent mille Unifiés ne se heurteraient point à des héros intrépides. Evidemment derrière les magasins il y a l'armée. Toutefois, après vingt ou cinquante heures de conflit, l'armée céda la place aux révolutionnaires de 1830, aux révolutionnaires de 1848. Et si, en mars 1871, le Comité central n'avait pas laissé les généraux et leurs gendarmes entraîner hors de notre capitale le Corps de Vinoy, acquis totalement aux Parisiens furieux contre la lâcheté de la classe bourgeoise qui livrait l'Alsace et la Lorraine aux Allemands pour toucher enfin ses loyers, pour effectuer ses recouvrements, les Fédérés eussent marché sur Versailles avec un corps d'armée formidable partageant leurs convictions. Déjà Thiers avait donné l'ordre aux fonctionnaires de se replier sur Fontainebleau. Enfin, les régiments qui refusèrent de bousculer indéfiniment les populations de l'Hérault, il y a trois ans, prouvèrent aussi combien vite la patience des troupes se fatigue, lors des luttes politiques.

La féodalité radicale n'opposera donc plus une toute puissance incoercible devant douze cent mille citoyens déterminés à la victoire de leur idéal.

Si les hervéistes n'avaient, pour la quiétude certaine du Capitalisme, détourné le prolétariat des sports guerriers, chaque syndicat eût pu s'organiser comme une force militaire, en utilisant l'instruction spéciale jadis reçue par ses membres ouvriers à la caserne, en groupant ainsi ses cavaleries, ses fantassins, ses artilleurs, leurs brigadiers, caporaux et sous-officiers. Douze cent mille électeurs encadrés par les militants ainsi constitués d'avance, en imposeraient définitivement au féodaliste radical, le jour d'une Grève générale, celle des Postes et Transports, la plus efficace.

Voilà pourquoi j'ai toujours prétendu que les apôtres socialistes se trompaient au détriment de leurs vœux lorsqu'ils énervaient l'esprit militaire du prolétariat. Ils abolissaient leur principale chance d'obtenir assez vite les réformes essentielles qu'ils souhaitent. La rédaction du journal le *Libertaire* me reprocha de citer ici les inconséquences prodigieuses de Jaurès vantant l'internationalisme au bénéfice des hobereaux prussiens, des pangermanistes belliqueux, des cheiks féodaux, des imans fanatiques et d'un sultan tortionnaire, tous ennemis cruels de la démocratie allemande, comme du travailleur français parti en terre africaine afin de chercher un salaire meilleur sur le tender d'une locomotive marocaine ou dans une clinique de Mérakech. Pourquoi donc un de nos mécaniciens, un de nos docteurs massacrés par les cléricaux et les féodaux à turbans n'ont-ils pas le même droit à notre secours national que s'ils étaient tués par des féodaux ou des cléricaux européens ? Pourquoi donc la nation socialiste n'aura-t-elle pas le devoir de protéger ceux des siens qui seront conviés par des Asiatiques ou des Africains à l'œuvre de créer les voies ferrées, les ports, les usines de ces pays ? Pourquoi donc prêcher le désarmement et la couardise parmi la nation la plus apte à la révolution sociale, et cela lorsque, au lendemain de cette révolution, toutes les monarchies capitalistes du globe mobiliseront leurs armées et leurs flottes afin d'étouffer le peuple émancipateur ? Pourquoi empêcher à l'avance que, dans les plaines de quelque Valmy, de quelque Jemmapes, une armée héroïque de « savetiers » repousse encore les « sicaires des Tyrans » ? Pourquoi, si ce peuple établit la Nouvelle Justice, le mettre hors d'état de secourir les prolétariats exaltés par son exemple et révoltés contre leurs bourgeoisies ?

Aucune des réponses qui furent faites à ces questions ne m'a persuadé. Aussi n'ai-je point changé d'avis. Vers 1891, j'écrivais dans les *Entretiens Politiques et Littéraires*, entre d'autres articles dont je n'ai jamais renié la moindre virgule, une chronique débutant par ces mots à peu près : « Il nous faut la guerre. Il la faut immédiate.... » Et j'expliquais ceci. Etant donné le pouvoir des armes actuelles, le prolétariat ne peut entreprendre la révolution que pourvu de fusils à tir rapide et d'une artillerie complète. Il ne sera muni de la sorte qu'à l'heure d'une guerre. Une fois les armées de l'aristocratie étrangère chassées du territoire, nos soldats socialistes pourront ne pas rendre les armes avant d'avoir obtenu les transformations réclamées sur les programmes de leur représentant. Paris tenta l'aventure en 1871. Il échoua ; mais il n'avait pas alors douze cent mille approbateurs évidents sur la surface de la France.

Non seulement le prolétariat en armes imposerait les réformes, mais encore il pourrait, tels ses aïeux de 1792 à 1807, secourir ses frères souffrants par toute l'Europe, empêcher le social-démocrate prussien d'être comme hier, brutalisé par la Junkertum, sous les tilleuls de Berlin, et le travailliste russe d'être, comme en 1906, massacré par la garde du Tsar dans la Landowaia de Moscou. Les Custine, les Moreau, les Championnet, les Masséna, les Bonaparte réussirent à cette œuvre, qui dota les nations du contrôle parlementaire et brisa l'autocratie des rois sur les deux mondes.

Comment suffire à cette tâche si notre prolétariat reste un amas de pacifistes incohérents qu'écraserait, trois jours après son émancipation française, la ligue des armées capitalistes européennes ?

Sans le courage militaire et l'âme cornélienne, ces douze cent mille Unifiés ne sont rien que des manifestants.

VI

PITOYABLE ORGANISATION DES GRÈVES

En effet, j'éprouve toujours de la stupéfaction à lire dans les dépêches, durant les grèves, quelle solidarité fragile et imparfaite lie les ouvriers. A tort ou à raison, les inscrits maritimes cessèrent le travail, un beau matin, sur le port et les paquebots de Marseille. Soit. On peut critiquer les motifs apparents de cette décision. Du moment où elle est prise, au nom des syndicats principaux, et sous la responsabilité de chefs socialistes reconnus, tels Rivelli, il est invraisemblable que l'ensemble des travailleurs ne réussisse point à généraliser l'effort. Les inscrits sont en grève ; mais les paquebots partent. Les conducteurs de tramways se solidarisent ; mais, dès le surlendemain, le service recommence. Les commis de magasin font cause commune ; mais ils se ravisent et rouvrent les boutiques. Les charbonniers fraternisent avec les protestataires, mais ils s'empressent de renoncer au chômage de quelques heures, et déchargent ou chargent les bateaux. Charretiers, camionneurs, dockers de toutes sortes, en prennent et en laissent selon leur caprice. C'est le spectacle de l'incohérence et de l'absurdité.

Ou bien le sort des travailleurs marseillais leur semble abominable, et alors ils doivent concerter leur colère, agir unanimement, ne reculer devant aucune bagarre jusqu'à la conquête de l'amélioration exigible. Et l'on s'inclinera devant une force consciente de ses droits, puis assez courageuse pour les faire valoir. Ce sera une sorte de révolution entraînant les dockers de Bordeaux, du Hâvre, de Dunkerque. L'ampleur de l'effort nous persuadera.

Ou bien leur sort semble aux ouvriers des ports tolérable en somme, ainsi que le démontrent leurs velléités partielles, éphémères, provisoires. Et alors l'histoire admettra-t-elle que la richesse nationale soit compromise en une de ses sources essentielles, que les Compagnies allemandes accaparent le fret méditerranéen, que la presse germanique déclare Marseille inabordable pour les navires de commerce soumis aux règles de l'exactitude et de la probité, que Gênes enlève peu à peu à la cité phocéenne son trafic et sa prospérité pour en faire le trafic et la prospérité de la Triplice. Si les Rivellis ne sont pas capables d'obtenir la grève générale intégralement, après un essai de trois jours, leur obstination mérite les pires châtiments. Ils diminuent ainsi la puissance industrielle de leur ville, c'est-à-dire la possibilité de salaires plus nombreux et plus rémunérateurs, progressivement. Ces grèves partielles, avortées, ridicules, inutiles, finiront par ôter le pain de la bouche à quantité de familles laborieuses. Quand les petites et moyennes entreprises auront été ruinées par cette agitation fréquente, quand leur clientèle sera passée toute aux grosses compagnies, celles-ci trouveront cent moyens mécaniques et administratifs de réduire au minimum un personnel inconstant. Les appareils électriques et à vapeur remplaceront l'effort des hommes. Pour toute une multitude, la misère succèdera vite à la médiocrité de l'aise présente. On n'aura rien obtenu des employeurs faute de courage et d'entente. On aura mieux affamé les employés. L'expérience est faite. Lors de la grève générale, suscitée par les débardeurs charbonniers de Marseille, il y a quelques années, les apôtres syndicalistes n'enrôlèrent pas les dockers dans les autres ports de France. Hier, nous assistions à la même impuissance, aux mêmes illogismes. Dunkerque s'émut, puis s'apaisa. Vainement, la Confédération Générale du Travail envoya des délégués à Saint-Nazaire et à Bordeaux. Ils ne recueillirent que des promesses vagues.

Cependant, les socialistes le savent : lorsque les ouvriers de Chemins de Fer, Postes, Télégraphes, Ports et Paquebots s'uniront vraiment pour une grève européenne, unanime et durable, l'élite capitaliste devra consentir un nouveau pacte entre le Travail et la Propriété. Cette action semble-t-elle impossible ? Nullement. Il suffirait que les grévistes fussent indemnisés par les syndicats des industries locales. Celles-ci continueront de produire, de vendre, d'acheter dans l'intérieur des pays où le roulage et la batellerie se substitueront aux moyens anormaux, soit pour assurer l'alimentation régionale, soit même pour continuer maints négoces de marchandises créées, consommées sur le sol du même département. Certains objectent que les grands moyens de transport étant interrompus, toute industrie cesserait aussitôt. Point. Les innombrables manufactures qui ont leurs débouchés sur place épuiseraient d'abord leurs stocks de matières premières et d'articles ouvrés ; cela lentement, afin de recueillir les bénéfices que promettrait la hausse des prix. Ce serait le cas de tous les petits et moyens fabricants qui subviennent à la nourriture, à la vêture d'une population, à l'entretien des immeubles autour d'un chef-lieu. Ces gens emploient mille et mille commis, ouvriers en état de fournir les subsides aux grévistes qui lutteront pour la cause du prolétariat européen.

Au point de vue socialiste, la grève générale des transports aurait l'avantage, sur toutes les autres, de frapper directement le capital. Les gros métallurgistes, les directeurs de charbonnages, les armateurs, les rentiers possédant les actions de chemins de fer, les exportateurs et les importateurs, les banques atteintes par l'arrêt des transactions subiraient le principal du dommage. Évidemment, il y aurait plus tard des conséquences et des répercussions ; mais ni l'artisan, ni le détaillant, ni le paysan, qui forment l'opinion de la masse, n'en seraient, d'abord, affligés. Un cordonnier continuera de rapetasser les chaussures, et d'en faire. Le fermier ne vendra guère moins ses fromages, son lait, ses œufs, exception faite pour les expéditeurs autour de grands centres ; mais ces producteurs sont une minorité dans la masse des ruraux. Choisissant bien l'époque de la tentative, dans le moment où le petit cultivateur a vendu sa récolte aux courtiers, et où ceux-ci commencent seulement à diriger leurs acquisitions sur les points de vente, d'embarquement, les grévistes des transports ne nuiraient qu'au capital brusquement immobilisé en son œuvre d'expansion, après la concentration des produits.

Il apparaît bien que cette grève générale est possible, qu'elle déterminerait une solution équitable du conflit entre les deux forces créatrices de l'ère présente. Néanmoins, le prolétariat n'arrive point à s'organiser pour ces luttes suprêmes. La solidarité lui manque trop, puis l'intelligence et la logique. Aujourd'hui, comme naguère, les syndicalistes montrent leur impuissance d'entraîneurs. Cependant, ils détruisent la richesse de Marseille : la leur.

Dans l'été de 1910 il fut question de la grève générale des Transports. Ici et là Cheminots se réunirent, pérorèrent, firent des serments lyriques. Ils n'oublièrent que le principal : d'assurer la connivence des cheminots allemands.

C'est une extrême niaiserie, familière à la Confédération Générale du Travail et à ses admirateurs, de croire à la possibilité de résoudre isolément les conflits entre le Capital et le Travail. L'économie publique, la vitalité de la nation, par suite les salaires et privilèges du prolétariat, dépendent, en ce vingtième siècle, des rapports continentaux. Si les Bebel, les Bernstein et les Wolmar ne déclaraient pas la grève des Transports chez eux, les patrons du pays voisin apporteront, par leurs trains, jusqu'à la frontière, les marchandises, puis fourniront toute la région limitrophe des produits analogues à ceux immobilisés dans l'intérieur. Canaux, rivières, fleuves et routes offriraient leurs eaux, leurs pavés à une batellerie soudain multipliée, à un roulage d'autant plus actif que les paysans possesseurs de chevaux tireraient de la traction animale un gain subit et prodigieux. En quelques semaines, notre Lorraine, notre Franche-Comté, notre Champagne seraient ravitaillées de charbons, de métaux, de matières premières, etc...

D'autre part, en ces provinces, l'efficacité de la grève serait à demi compromise. Peu de temps suffirait à l'organisation de ces services provisoires. Industriels et fabricants y continueraient à produire. Un centre de résistance se consoliderait. Seul aurait à souffrir le boutiquier contraint d'acheter plus cher, quoique moins achalandé. Or, cette sorte de citoyens inspire l'opinion publique. Elle serait hostile aux grévistes.

En même temps la concurrence allemande ruinerait notre commerce et notre industrie de l'Est, jetterait donc au pavé le prolétariat de ces régions, et, d'autre part, cette ruine exciterait la nation entière contre les cheminots (1). Mais de l'étranger, nos socialistes, naïvement n'ont cure.

M. Bérenger a, dans l'*Action*, reproché vive-

---

(1) A cette argumentation, le *Libertaire* a répondu par un demi-aveu précieux à enregistrer :

Il serait absurde *(sic)* de dire avec M. P. Adam que leur grève ne saurait aboutir « qu'à l'expresse condition d'une alliance formelle avec les cheminots allemands ». La thune quotidienne, un traitement de début uniforme, etc., toutes ces revendications anodines peuvent fort bien aboutir par une grève nationale. Les industriels allemands en profiteront momentanément, sans doute, mais quoi, si des considérations de ce genre avaient arrêté les exploités, ils n'auraient jamais cessé le travail ; nul entraînement à la grève générale ne serait possible, encore moins à la grève révolutionnaire internationale.

Mais si l'on a en vue cette dernière, il est vrai que l'adhésion des cheminots allemands, anglais, italiens et espagnols est indispensable. Les intérêts de tous les capitalistes continentaux seraient si terriblement atteints qu'une invasion, bien plus formidable que celle de Brunswick serait décrétée, les relations internationales ayant centuplé depuis. Sur ce point on pourrait accuser de trahison révolutionnaire les socialistes coupables de n'exiger pas des engagements formels de la social-démocratie allemande — sinon, comme fait M. P. Adam, d'antipatriotisme, pour ce qu'ils favorisent le commerce étranger « en ne mettant pas au pied du mur les Bebel, les Wolmar et les Bernstein. »

ment leur illogisme à ces aveugles. Ils refusent d'embarquer avec des chauffeurs somalis « parce que ceux-ci appartiennent à une race inférieure ». Très judicieusement, M. Bérenger rappelle que notre civilisation méditerranéenne naquit en Egypte où s'effectua la transition entre l'âge de pierre et l'âge de bronze par les soins de la race autochtone, l'éthiopienne, Somalis y compris. Ce patriotisme fut inspiré par la crainte de voir les Africains travailler à moindre prix dans les chambres de chauffe. Au lieu d'exiger la péréquation des salaires entre les noirs et les blancs, ce qui eût témoigné d'un altruisme louable et conforme aux principes de l'internationalisme, les Inscrits exigent le renvoi de l'élément éthiopien sans craindre de commettre un crime de lèse-humanité.

A tout prendre, il est curieux de voir les internationalistes redevenir patriotes lorsque leurs intérêts le commandent.

Dans la *Dépêche de Toulouse*, M. Huc écrit :

« Les Allemands, nos voisins, nous inondent de leur camelotte. Ils nous battent très souvent sur notre propre marché. Les commerçants de là-bas concurrencent nos commerçants. Leurs ouvriers, nos ouvriers. Les prolétaires allemands en sont-ils beaucoup plus heureux ? Leurs patrons peuvent s'enrichir. Mais les salariés ne s'engraissent pas davantage. Ils continuent de palper des salaires de famine et celà dans le même temps qu'ils retirent de la besogne à nos propres ouvriers et les obligent ainsi à réduire leurs salaires. Le mieux serait qu'ils s'entendissent ».

L'internationalisme est, hélas ! trop mal compris par notre prolétariat. Ses chefs ne le convièrent à aucune réunion, à aucune manifestation sérieuse pour approuver les travailleurs prussiens en lutte contre le ministère refusant le suffrage universel ; et les menaçant avec ces mots : « on étouffera vos tentatives révolutionnaires avec toute l'autorité de l'Etat ; et, s'il le faut, par le glaive. Notre armée reste fidèle à l'empereur et à l'empire, et ne se laissera pas détourner ». Aux deux cent mille personnes qui affrontèrent cette menace dans les parcs de Berlin, c'est à peine si, de-ci de-là, un journaliste timide dédia un articulet sans lyrisme. Où sont les grandes phrases par lesquelles Jaurès portait aux nues la politique des hobereaux prussiens, de ces « Junkers » qui promettent la mitraille allemande au prolétariat de Prusse et qui, jadis, la promettaient à nos soldats empêchant les nobles et les prêtres marocains d'assassiner les travailleurs français de Marakech ou de Casablanca ?

L'éloquence de M. Jaurès a défendu dans son

journal, et au Parlement, l'orgueil des « Junkers » pangermanistes. Elle leur a facilité le prestige qui leur a permis de dicter leurs ordres à la France, à la Russie. Elle les a sanctifiés. Maintenant, ces héros vouent le peuple de Berlin aux fureurs du canon. C'est à ces massacreurs de peuple que M. Jaurès a conféré l'apothéose. Il croyait alors faire de l'internationalisme révolutionnaire.

Cette aberration de l'illustre orateur témoigne de l'illogisme qui domine les esprits de notre élite socialiste. Elle fraternise avec les nobles, les prêtres et la tyrannie dès qu'ils sont les ennemis historiques de la nation. A cette aristocratie elle abandonne le prolétariat voisin avec lequel il lui faudrait nouer les liens de la plus indissoluble solidarité si, vraiment, on veut entreprendre la Révolution sociale par la grève générale européenne des transports, si vraiment on peut espérer qu'à l'heure d'une guerre injuste, les peuples refusent de s'entretuer sur l'ordre des cours belliqueuses.

VII

LA DESCENDANCE

DU GRENADIER

Voici plus d'un siècle, à la fin de mars 1810, pendant que, de fête en fête, la descendante des Habsbourg s'acheminait vers le trône de France, son impérial fiancé signifia leurs accordailles à six mille jeunes filles et six mille soldats notables pour leur vertu ou leur bravoure. Dotés chacun de six cents francs, ces couples émérites devaient s'unir à l'heure même où Marie-Louise et Napoléon scelleraient, par leur mariage, l'entente impossible des races teutoniques et des races latines, lasses un peu de leurs inéluctables luttes. A cette énorme faute politique, cause de tous les désastres consécutifs que le génie de Fouché, vainement, avait prédits, le vainqueur de Wagram associait ainsi les types excellents de la nation.

Mesure très utile, destinée à rendre plus populaire, dans les camps et dans les provinces, cette noce étrange qui, soudain, liait la nièce autrichienne de Marie-Antoinette et de Louis XVI avec l'ami du babouviste Buonarotti, avec le général terroriste de Vendémiaire, avec le meurtrier du duc d'Enghien et le geôlier du Pape. Ces demoiselles, ces militaires, leurs familles en joie, allaient de ci de là créer des centres favorables au pouvoir.

Les six mille couples dotés le 2 avril 1810, les huit mille personnes invitées à garnir les banquettes du Louvre pour applaudir un Bonaparte en toquet à plumes qui mène l'autrichienne alourdie par le poids de la couronne, du manteau et des diamants, ce sont les zélateurs provisoires d'un triomphe qui chancelle. Demain, pour imposer silence aux rumeurs grandissantes et retarder un conflit des factions, la nièce de Marie-Antoinette devra jouer un whist avec les deux régicides, Cambacérès, Fouché, devant la Cour des Tuileries que n'abusera point cette réconciliation d'apparat.

C'est déjà la Cour de Louis XVIII. Marmont, duc de Raguse, vient de recevoir, à trente-cinq ans, le bâton de maréchal pour y arranger l'avenir avec les Montesquiou, les Noailles, les Praslin, les Gontaut-Biron, les Las-Cases, et maints autres.

Ceux qui, le 4 août 1789, renoncèrent à leurs privilèges, ceux-là, leurs fils ou parents, se sont rangés d'abord aux deux côtés du trône impérial. D'autres survivent, suivent et suivront. Lorsque le comte de Provence rentrera dans Paris, en 1814, il n'aura qu'à compléter la liste. Derrière le héros court et engoncé de qui la mèche légendaire s'effiloque sur le front génial, tout ce monde, en sourdine, prépare la Restauration. Lui ne s'aperçoit de rien. Enchanté de soi, de la dynastie qu'il fonde après avoir, en 1793, canonné dans Toulon les partisans des Girondins comme traîtres et rebelles à la volonté de la Convention terroriste, Napoléon s'admire. Il s'estime enfin l'égal d'Alexandre le Russe et de François l'Autrichien. Scrupuleusement il a fait, dans les archives, rechercher les pièces diplomatiques et comptables relatives au mariage de Marie-Antoinette afin que celui de Marie-Louise fût une très exacte répétition. Jamais parvenu ne prit tant de soin pour ressembler, par l'extérieur et le protocole, à la famille dans laquelle il s'insinue. L'orgueil du grand homme est d'une absurde naïveté. Ses lettres, ses ordres du jour, rédigés selon la phraséologie pompeuse et piétiste des anciens monarques, prête à rire. Vraiment, il se croit un geste de Dieu sur terre. Plus un instant il ne pense que s'il vainquit à Rivoli, aux Pyramides, à Austerlitz, à Iéna, à Friedland, à Wagram, il le doit à l'extraordinaire vaillance des brigades républicaines alors toutes passionnées par les discours des clubs et qui, mystiques, pensaient rompre, au prix de leur sang, les fers des nations. Napoléon oublie qu'Austerlitz serait le nom d'un désastre français si les martyrs de la Liberté n'étaient venus mourir en ligne successivement sur le plateau du Pratzen, en chantant la « Marseillaise » avec la foi des premiers chrétiens, entonnant l'hymne de la légion thébaine. L'empereur ne soupçonne que, s'il abolit, par son exemple, cette foi dans la mission de la France, il ne commandera plus désormais qu'à des régiments moins héroïques, à des maréchaux plus sceptiques, égoïstes prêts à toutes défections pour devenir, à leur tour, rois, princes ou pairs de France. L'époux de la Habsbourg ne devine pas qu'il excuse d'avance la conduite de Bernadotte, roi de Suède, de Murat, roi de Naples, de Marmont, duc et pair, major général.

L'imprévoyance de l'empereur, en 1810, est une chose stupéfiante. Dira-t-on qu'il est facile de le conseiller après coup ? Le ministre, dont lui-même admira la prodigieuse *clairvoyance*, et tant qu'il le toléra critique voire hostile, Fouché montre, d'heure en heure, le réel des fautes ; la certitude prochaine des conséquences. De toute son influence Fouché a combattu le mariage autrichien, préconisé l'union russe, supplié qu'on ne sacrifiât point les factions républicaines loyalistes sincères aux amis nouveaux et douteux qui réfléchirent après Marengo, qui se rallièrent après Austerlitz. Est-ce dire que l'ancien terroriste de Lyon repousse les bonnes volontés royalistes ? Point. Lui-même, chez Mme de Vaudémont, accueille les émigrés de retour, et il s'en fait chérir puisqu'ils imposeront le régicide à Louis XVIII comme ministre, après Waterloo.

L'aveuglement de l'empereur, à partir de 1808, est un phénomène inexplicable. L'organisateur si prévoyant du Consulat devient-il tout à coup un simple ambitieux enivré de sa chance et qui rassemble un parterre de rois, puis conclut le beau mariage pour l'exaltation de sa vanité.

Des six mille couples unis en avril 1810, la plupart furent évidemment, sous la Restauration, des ménages frondeurs. Ils ne rompirent pas leurs amitiés avec les officiers alors à demi-solde qui fomentaient la révolution générale parmi les carbonari de Naples, les constitutionnels de Madrid. A ces ménages les Bolivar, les Miranda et les Saint-Martin de l'Amérique latine, les Hellènes de

Missolonghi, les libéraux de Paris, les conspirateurs de Belfort et de Saumur, les Sergents de La Rochelle, les combattants des Trois Glorieuses parurent sublimes. La génération née de ces militaires et de ces demoiselles, de leur « bravoure », de leurs « vertus », atteignit, en 1830, vingt ans. Elle lut le manifeste de Thiers, conspua le ministre Peyronnet, fusilla les Suisses dans la colonnade du Louvre, ou jeta ses armoires sur les casques des cuirassiers chargeant à travers le faubourg Saint-Antoine, les loges maçonniques, les ventes de carbonari et les demi-soldes du café Lamblin.

Dix-huit ans plus tard, les petits-fils des couples élus par Napoléon afin de fortifier la puissance de la dictature impériale, approuvaient la campagne réformiste des banquets funestes à Louis-Philippe, et imposaient le principe du suffrage universel. A supposer que la tradition affermie par les demi-soldes dans les ménages de leurs anciens soldats ait évolué de père en fils, selon la logique de l'histoire sociale, il dut se rencontrer dans les ateliers nationaux et sur les barricades de Juin, tels communistes ressuscitant les espoirs de Buonarotti, ce babouviste ami du lieutenant Bonaparte, et qui lui prêtait de l'argent. Décimés par les bataillons du général Cavaignac, ces disciples lointains de Gracchus Babeuf élevèrent leurs enfants de manière à ce qu'ils aimassent les Blanqui, les Rossel et les Delescluze de 1871. Aujourd'hui, la Confédération Générale du Travail comprend peut-être, au nombre de ces membres, quelque arrière-neveu des couples dotés le 2 avril 1810 pour assurer, en France, une opinion favorable au principe féodal et dynastique de la maison d'Autriche adopté par Napoléon, empereur des Latins législateurs et libertaires.

Dans nos familles de France, en effet, les opinions persévèrent, si la situation de fortune varie un peu. En chacune de nos provinces, les ancêtres bonapartistes développèrent, sous la Restauration qui les houspilla, les sentiments d'opposition libérale, puis républicaine et socialiste aux cœurs de la descendance. En Ledru-Rollin, en Proudhon, cet esprit s'incarna. Dans les diatribes politiques de mon aïeul, vieil officier de Napoléon persécuté sous Charles X, mon père trouva les raisons qui le firent, à douze ans, sauter le mur du Lycée d'Amiens pour acclamer la Révolution de 1848. Son admiration pour Thiers et Gambetta me préparait à ne pas honnir Blanqui ni Jaurès. Parce que les ministres des Bourbons forcèrent trop souvent mon grand-père à changer de garnison sous la surveillance de la police politique, sa postérité devint républicaine ; mais elle le devint surtout parce que le soldat d'Austerlitz, de Wagram et de Smolensk avait, à seize ans, suscité des émeutes jacobines dans Mons, avant de s'enrôler au camp de Boulogne pour faire « trembler les tyrans ».

Voilà l'idée profonde que le Napoléon de 1810 a méconnue dans les âmes de la nation, dans celles mêmes des six mille demoiselles et militaires dotés de six cents francs pour s'unir au bruit du canon saluant l'impossible mariage de la Loi Latine et de la Féodalité germanique

VIII

LA FORCE UNANIME

Un siècle plus tard, Francisco Ferrer est fusillé dans les fossés de Montjuich. Quelle est, devant cet acte, l'opinion du monde et de ses élites ?

Une incomparable colère souleva les latins, les germains et les scandinaves contre ceux qui décidèrent la mort de Francisco Ferrer. La réprobation internationale se manifesta dans l'opinion de la bourgeoisie conservatrice elle-même. Contre l'exécution, la presse anglaise toute entière invectiva, et cela dans une patrie où le fait de pendre un homme n'a point, d'ordinaire, l'importance que lui allouent, ailleurs, des foules plus sentimentales, une élite moins orgueilleuse, des honnêtes gens moins rigoristes. Au reste le colonel Arthur Lynch qui, dans les camps boers, porta les armes contre les maîtres de l'Irlande, s'il fut condamné à mort, obtint sa grâce puis sa liberté. Demain, il siègera à la Chambre des Communes. C'était là certainement un exemple pour les ministres espagnols discutant la sentence qui dut frapper Ferrer. Il sied, à Madrid comme à Londres, de respecter les opinions les plus véhémentes lorsqu'elles expriment les idées nobles d'un Arthur Lynch ou d'un Francisco Ferrer. Notez que le colonel Irlandais pro-boers avait brusquement assumé la responsabilité d'un acte grave, celui de passer sous les drapeaux ennemis au cours d'une guerre très longue, très meurtrière, et qui manqua de ruiner le prestige de la nation la plus ferme en sa solidarité patriotique, la plus inébranlable en ses traditions de conquête, celle même qui lors des Congrès de La Haye, avec l'Allemagne et le Japon, repoussa dédaigneusement, contre l'unanimité des autres puissances, les mesures efficaces capables d'instaurer l'arbitrage international, réel et obligatoire. Pourtant, et à l'encontre de toutes ses lois, de tous ses principes l'Angleterre épargna la vie, la liberté, l'apostolat d'Arthur Lynch, donnant ainsi au monde une leçon de parfaite tolérance à l'égard des actes extrêmes, gestes directs de ces convictions. Tant est devenu général et indiscutable le respect des existences qui servent l'évolution des idées, dans tous les sens.

C'est pourquoi nul ne comprit le délire de vengeance qui s'empara des ministres espagnols. A Rome, à Paris, à Berlin, les plus irascibles se ruèrent vers les ambassades du Roi catholique protégées contre eux par les polices. Du sang coula... Des cadavres furent étendus sur les dalles des hôpitaux. Toutes les imprécations ressuscitèrent que Torquemada et ses Inquisiteurs ont justifiées dans les époques antérieures. Cette universalité de la fureur populaire montra combien aujourd'hui les foules et les élites pensent unanimement. Il suffit que l'influence télégraphique passe à travers les races les plus diverses ; et elles prononcent, aussitôt, les mêmes paroles ; elles impriment les mêmes phrases ; elles prodiguent les mêmes gestes. Grande fut la différence entre l'exaltation de ces jours et la fièvre timide qui avait secoué quelques révolutionnaires lorsqu'en cette même forteresse de Montjuich furent torturés les libertaires de Barcelone, il y a une quinzaine d'années. Vers ce temps-là les protestations ne trouvaient à s'exprimer qu'en peu de feuilles anarchistes éparses dans les capitales, et pourvues de lecteurs en petit nombre. Cette fois, le maire de Rome promulgua un édit de blâme, le *Times* critiqua franchement, les gazettes prussiennes officieuses ne recherchèrent point d'excuses pour le forfait. Personne ou presque ne pardonna l'absence de garanties judiciaires trop évidentes dans le procès de Francisco Ferrer. Et, à la surface du monde civilisé, on constata la même stupeur qui avait frappé les Européens dans le moment où ils avaient appris la manière dont avait été condamné le capitaine Dreyfus. C'est l'audace invraisemblable et pareille de cinq ou six officiers s'enfermant à huis clos avec un homme, négligeant les témoignages de la défense, s'abstenant de prouver l'accusation, et déclarant de haut, que leur foi intime doit suffire pour décider de la vie ou de la mort. Aujourd'hui, cette foi ne persuade plus. Les élites et les foules se rebellent avec raison. Elles exigent de la clarté. Elles veulent que les télégrammes leur exposent les arguments. Elles entendent dicter le verdict avec les juges, sans qu'il puisse s'affirmer une divergence absolue entre elles et ceux-ci. Et c'est le droit de ceux qui travaillent, sur l'écorce de la planète, qui font mouvoir les machines, retentir les forges, grincer la plume sur les registres, courir les locomotives sur les rails, voyager les produits des fabriques, c'est le droit de tous ceux qui créent la force, la richesse et la gloire des peuples en peinant. Nul d'entre eux ne peut être frappé sans que sa culpabilité soit reconnue, et selon les philosophies nouvelles. L'empire de Russie ni le Royaume d'Espagne ne peuvent échapper à ce contrôle. Il a fallu que le premier instituât son Parlement, que ce Parlement en vînt à fonctionner comme les autres. Il faudra qu'en Espagne aussi soit modifié le régime de loi martiale qu'on applique trop fréquemment. Si jusqu'à présent le souverain put compter avec les seules castes influentes du pays, aujourd'hui il faut s'expliquer avec l'opinion de toutes les élites intellectuelles et ouvrières répandues sur le globe. Elles s'unifient. La force véritable ne réside plus dans les individus, ni dans les castes. Elle appartient totalement à l'opinion des groupes qu'en toutes capitales, les démocraties investissent de leur autorité.

Il n'est plus de patries pour la Justice sociale. Les magistrats parlent toutes les langues et siègent sur tous les continents. Ils revêtissent les apparences du journaliste, du député, de l'orateur qu'applaudit une foule frémissante dans une salle de réunion publique. Et ces juges ne permettront plus longtemps que le caprice de quelques-uns tue, selon la rage de l'heure, les prophètes de la cité future ouverte à toutes les libertés d'expression.

La démocratie sociale se fonde avec le concours

des intelligences les plus mûries afin de maintenir les principes de cette liberté entière à l'heure où certains qui, d'abord arborèrent son drapeau couleur de feu purificateur, tentent parfois de le transformer en lien et en baillon. L'indépendance des esprits, leur droit au prosélytisme, voilà les deux caractères de l'époque démocratique en laquelle, et parallèlement, toutes les forces de l'humanité doivent pouvoir se développer, se comparer, s'amender par suite de cette comparaison, et devenir ainsi une perpétuelle transformation de l'aise moindre en aise meilleure.

C'est cela que réclament les élites et les foules en fureur sur le monde depuis l'inique exécution de Francisco Ferrer. Les bourreaux seront jugés par les Forces unanimes.

IX

L'ANTIPATRIOTE BELLIQUEUX

Aux remarques exposées dans un chapitre précédent, les hervéistes ont répondu par cette argumentation de leur gazette *La Guerre Sociale* :

« Paul Adam s'exagère le caractère révolutionnaire des 1.200.000 électeurs socialistes de 1910 ; mais il est certain que ce n'est pas une force négligeable surtout s'ils avaient un peu plus d'esprit « militaire » et « révolutionnaire ».

« Leur succès grandit. Deux cent mille voix s'ajoutent à celles obtenues lors des élections dernières. L'intelligente distinction entre la petite propriété rurale, considérée justement comme matière première, comme outillage du travailleur, et la moyenne ou grande propriétés tenues seules pour domaines des capitalistes, valut aux candidats unifiés la sympathie des villageois en Indre-et-Loire, Drôme, Deux-Sèvres, Var et Gard, régions presque entièrement pavoisées par le drapeau de Jaurès. »

Il est très exact que les campagnes ne sont plus, si peu qu'on les travaille, aussi butées contre l'idée socialiste qu'en 1848 ou qu'en 1871.

« La féodalité radicale se compose de petits bourgeois, de commerçants au détail, encadrés par des médecins et des vétérinaires, des avocats et des officiers ministériels. En foule, les commis, les fonctionnaires et les instituteurs désertent son étendard, attirés par le prêche syndicaliste. Le sociologue peut affirmer que l'énergie combative n'est pas l'apanage des boutiques. Les douze cent mille Unifiés ne se heurteraient point à des héros intrépides. »

C'est assez probable, s'ils étaient eux-mêmes intrépides.

« Evidemment, derrière les magasins, il y a l'armée. Toutefois, après vingt ou cinquante heures de conflit, l'armée céda la place aux révolutionnaires de 1830, aux révolutionnaires de 1848, et si en mars 1871, le Comité central n'avait pas laissé les généraux et les gendarmes entraîner hors de leur capitale le corps de Vinoy acquis totalement aux Parisiens furieux contre la lâcheté de la classe bourgeoise, qui livrait l'Alsace et la Lorraine aux Allemands pour toucher enfin ses loyers, pour effectuer ses recouvrements, les Fédérés eussent marché sur Versailles avec un corps d'armée formidable partageant leurs convictions : déjà Thiers avait donné l'ordre aux fonctionnaires de se replier sur Fontainebleau. Enfin, les régiments qui refusèrent de bousculer indéfiniment les populations de l'Hérault, il y a trois ans, prouvèrent aussi combien vite la patience des troupes se fatigue lors des luttes politiques. »

« La féodalité radicale n'opposera donc plus une toute puissance incoercible devant douze cent mille citoyens, déterminés à la victoire de leur idéal. »

Jusqu'ici, nous sommes tout-à-fait d'accord, sauf sur le degré d'intrépidité révolutionnaire des 1.200.000 « électeurs » socialistes, qui, malheureusement, sont plus électeurs que socialistes.

Mais c'est ici que Paul Adam commence à bafouiller (sic) :

« Si les hervéistes n'avaient, pour la quiétude certaine du Capitaliste, détourné le prolétariat des sports guerriers, chaque syndicat eût pu s'organiser comme une force militaire, en utilisant l'instruction spéciale jadis reçue par ses membres

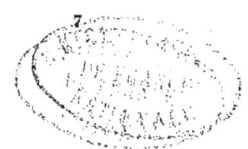

ouvriers à la caserne, en groupant ainsi ses cavaliers, ses fantassins, ses artilleurs, leurs brigadiers, caporaux et sous-officiers. Douze cent mille électeurs encadrés par des militants ainsi constitués d'avance, en imposeraient définitivement au féodalisme radical, le jour d'une grève générale, celle des Postes et Transports, la plus efficace.

« Voilà pourquoi j'ai toujours prétendu que les apôtres socialistes se trompaient au détriment de leurs vœux, lorsqu'ils énervaient l'esprit militaire du prolétariat. Ils abolissaient leur principal chance d'obtenir assez vite les réformes essentielles qu'ils souhaitent. »

« Les Hervéistes », si Hervéistes il y a, n'ont jamais détourné le prolétariat des sports guerriers — témoin leur bruyante admiration pour le citoyen Browning — et ils n'ont jamais énervé « l'esprit militaire du prolétariat » : ils ont combattu son esprit militariste et patriotard, mais ils voudraient au contraire développer l'esprit militaire, c'est-à-dire batailleur, guerrier, blanquiste du prolétariat.

Seulement, ils ne veulent pas que cet esprit batailleur, guerrier et blanquiste soit consacré à des brigandages coloniaux au profit de nos dirigeants, ni à des guerres européennes entre diverses fractions du prolétariat international.

« Pourquoi donc prêcher le désarmement et la couardise parmi la nation la plus apte à la révolution sociale, et cela lorsque, au lendemain de cette révolution, toutes les monarchies capitalistes du globe mobiliseront leurs armées et leurs flottes afin d'étouffer le peuple émancipateur ? Pourquoi empêcher à l'avance que, dans les plaines de quelque Valmy, de quelque Jemmapes, une armée héroïque de « savetiers » repousse encore les « sicaires des Tyrans » ? Pourquoi, si ce peuple veut établir la nouvelle Justice, le mettre hors d'état de secourir les prolétariats exaltés par son exemple et révoltés contre leurs Bourgeoisies ? »

Le secrétaire du journal « des Hervéistes » — puisque hervéistes il y a — Miguel Almereyda, a, il y a quatre ans, dans le *Libertaire*, qui n'a rien d'hervéiste, soutenu cette thèse « hervéiste » que maîtres des instruments de production en France, nous défendions notre France socialiste contre tout agresseur du dedans et du dehors.

Et au même moment Hervé lui-même dans « leur Patrie », expliquait qu'il était pour l'armement du peuple non pour son désarmement.

« Etant donné le pouvoir des armes actuelles, le prolétariat ne peut entreprendre la révolution que pourvu de fusils à tir rapide et d'une artillerie complète. Il ne sera muni de la sorte qu'à l'heure d'une guerre. Une fois les armées de l'aristocratie étrangère chassées du territoire, nos soldats socialistes pourront ne pas rendre les armes avant d'avoir obtenu les transformations réclamées sur les programmes de leurs représentants. Paris tenta l'aventure en 1871. Il échoua ; mais il n'avait pas alors douze cent mille approbateurs évidents sur la surface de la France. »

Nous ne croyons pas, comme Paul Adam, qu'il faut que nous désirions la guerre pour abattre le régime capitaliste : l'expression d'une telle idée nous brouillerait irrémédiablement avec toute la France paysanne et avec l'opinion publique française tout entière ; mais le jour où nous nous croirons assez forts, nous serons les seuls en France à ne pas redouter une guerre européenne, car nous serons seuls à en profiter en faisant surgir des événements la Révolution sociale.

« Non seulement le prolétariat en armes imposerait les réformes, mais encore, il pourrait, tels ses aïeux de 1792 à 1807, secourir ses frères souffrants par toute l'Europe, empêcher le social-démocrate prussien d'être, comme hier, brutalisé par la Junkertum sous les Tilleuls de Berlin, et le travailliste russe d'être comme en 1906 massacré par la garde du tsar dans le Landowaia de Moscou. Les Custine, les Moreau, les Championnet, les Masséna, les Bonaparte réussirent à cette œuvre, qui dota les nations du contrôle parlementaire et brisa l'autocratie des rois sur les deux mondes. »

Les missionnaires bottés de l'Evangile, selon Saint Karl Marx. Ça ce sera à voir, mais après ces missions là, il y aurait malheureusement au bout un Napoléon et une belle explosion de haines nationales.

L'expérience a été déjà faite par les missionnaires bottés des Droits de l'Homme en 1793.

Nous avons trouvé mieux depuis : la Révolution internationale, faite en chaque pays par la classe ouvrière contre la classe capitaliste, avec le concours discret du reste de l'Internationale ouvrière.

« Comment suffire à notre tâche si notre prolétariat reste un amas de pacifistes incohérents qu'écraserait, trois jours après son émancipation française, la ligue des armées capitalistes européennes ?

« Sans le courage militaire et l'âme cornélienne, ces douze cent mille unifiés ne sont rien que des manifestants. »

S'il ne dépend que de nous, les douze cent mille unifiés auront le courage militaire et ne seront pas un « amas de pacifistes ».

Si nous étions des pacifistes, nous aurions baptisé notre journal *La Paix Sociale*.

Or, nous faisons remarquer à Paul Adam, que le titre de notre journal, qui à lui seul est tout un programme, c'est : *La Guerre Sociale*.

Alors, si les rédacteurs de M. Hervé considèrent, eux aussi, la nécessité de la guerre comme inéluctable, pour défendre leur idéal, comment peuvent-ils réclamer le désarmement de leurs troupes, celui du pays où ils les concentrent, et parfaire l'énervement quotidien des Français les moins énergiques ?

X

LES CHEVREUILS ET LA BICHE

Lorsqu'il fit hisser le pavillon germanique sur le phare de Tanger, afin de se prétendre le possesseur définitif des docks et quais construits par son entremise, mais impayés par le Trésor de Fez, Reuschausen, l'entrepreneur allemand, justifiait en apparence toutes les diatribes vulgaires contre le « civilisateur » européen des races africaines ou asiatiques. L'aide généreuse offerte à la production et au commerce marocains se muait en la conquête du meilleur port.

On put croire, en effet que le gaillard avait eu la prévision scélérate de ce résultat. Et les Hervé, les Jaurès d'invoquer aussitôt cet exemple neuf pour défendre, contre l'incursion des explorateurs, la quiétude, la félicité parfaite du cheik musulman que ses rivaux attaquent, pillent et décapitent à l'envi, comme la tranquillité du nègre que tous les Rabahs et tous les Samorys dépouillent, tuent ou vendent, si nos troupes ne réfrènent point les appétits de ces féroces.

En dépit d'une telle évidence, le sceptique et l'anarchiste s'exaltent sur la vie sauvage. Ils décrivent l'heureux indigène des tropiques n'ayant qu'à tendre la main pour cueillir son déjeuner de fruits, qu'à se baisser pour extraire du sol son dîner de salades, qu'à croiser des branches et accumuler de la terre pour édifier en se jouant la maison modèle où l'on aime, dort et rit sans qu'une autorité tracassière oblige à de rudes travaux par la nécessité de satisfaire le percepteur, de se vêtir à grands frais, d'acquérir le sol nourricier de la progéniture. Voltaire commença.

On oublie trop les famines qui déciment ces peuplades, lorsqu'un ouragan enleva les fleurs des arbres fruitiers ou lorsqu'un soleil brûla les herbes comestibles. Famines sans remèdes. Le manque de provisions et l'absence de routes empêchent les tribus de se porter secours. L'ignorance des moyens interdit aux malheureux de trouver un substitut de l'alimentation habituelle. Tous les pays ne sont pas giboyeux, ni toutes les rivières poissonneuses. Il s'en faut. La mortalité d'ailleurs se multiplie chez les nations un peu moins civilisées que nous. Au-delà de la Méditerranée, la seule erreur de faire manger des tomates acides aux enfants mal sevrés les extermine. Loin de pulluler, les races de mœurs primitives se raréfient, abandonnées elles-mêmes, comme elles le furent, en Afrique centrale, jusque vers la fin du siècle dernier. Les guerres intestines, les disettes, les épidémies, toutes les douleurs tragiques consécutives à ces phénomènes sociaux avaient laissé peu de monde sur un continent qui devrait, selon la théorie des simplistes, porter la population la plus dense. Une certaine aise générale, en effet, détermine l'accroissement des êtres, si trop de richesse ou trop de misère le restreignent.

Ce ne sont pas seulement les calamités adventices qui nuisent au bonheur des populations naïves, c'est aussi le perpétuel sentiment de la peur. Dans une patrie comme le Maroc, où luttent quatre prétendants à la fois, où les provinces, les villages, et les douars prennent parti, bataillent, se razzient les uns les autres, certes la quiétude ne doit pas être le propre des existences, non plus que la certitude ferme de consommer ce qu'on a semé. A plus forte raison ce sens du précaire gêne-t-il les vies des nègres. En son livre très curieux, le commandant Lenfant raconte avoir, au centre de l'Afrique, visité maintes peuplades qui, privées de sel, et, pour cela, maladives s'arment dès l'heure où elles souffrent de « la mauvaise bouche », comme elles disent. Alors elles surprennent, massacrent les tribus voisines, et les mangent. La chair humaine contient le chlorure de sodium là-bas trop rare dans les mets quotidiens. Cela se passe même dans les vallées de la Pendée et de la Sangha, édens merveilleux. On imagine en quelles affres vivent de pauvres gens, qui ne savent jamais si la population limitrophe « a la mauvaise bouche » ou non, et s'il faut combattre tout à l'heure pour conserver, avec sa vie, sa saumure intime. Quoique gênés par notre présence colonisatrice, nos sujets d'Algérie échappent cependant aux incursions des Samorys esclavagistes, aux razzias des Roguis divers, au cannibalisme de noirs trop dessalés.

L'insécurité perpétuelle torture l'homme et l'animal sauvage. Dans le parc ancien que j'ai la chance d'habiter, quelques chevreuils subsistent en liberté. Personne jamais ne les chassa. Soigneusement gardes, serviteurs, jardiniers, bûcherons évitent d'effaroucher les gracieuses bêtes. Leur unique destin est d'apparaître, belles au bord de la pièce d'eau, et d'agrémenter, en débouchant à l'improviste, d'assez nobles perspectives tracées autrefois, dans le hallier, par un horticulteur qu'instruisit, sans doute, l'exemple de Lenôtre. Malgré toutes les précautions que l'on prend, ces animaux vivent dans une terreur constante. Ils broutent, le cœur battant. Sans cesse ils redressent la tête, examinent l'aspect de l'ambiance, dirigent leurs oreilles vers tous les points. Le moindre bruit les effare. Ils se regardent, se consultent de l'œil, se communiquent leur soupçon et, aussitôt bondissent, détalent. Rien ne justifie la plupart du temps, ce brusque effroi. Personne n'a surgi, même à distance, dans le parc uniquement peuplé d'ombres sous la futaie, de lumières sur les pelouses.

L'état de nature, pourtant, semble réalisé, en son meilleur avatar, pour ces chevreuils. Nul carnassier ne rôde aux environs. Le couvert leur offre mille abris profonds et sûrs. Si la rigueur de la saison parfois diminue la pitance coutumière, une main providentielle sème, dès l'aube, sur les pistes, des betteraves à ronger, du foin sec à mâcher. C'est un idéal de vie simple et frugale, exempte de famine, de menaces, ou de domination. Robustes de la croupe, et le jarret sec, les chevreuils affirment, par des sauts prodigieux, la santé de leurs muscles, et, par leur vigilance émue, l'excellence de leur ouïe, de leur vue. Néanmoins la peur torture ces libres enfants de la forêt. On voit leur horde franchir au galop les prés, comme si la meute hargneuse, déjà, mordait leurs croupes. L'anxiété qui tourne leurs jolies têtes vers le péril illusoire semble incontestable. Toute leur vie fuit épouvantée. Probablement ils gardent au cœur l'atavisme de la frayeur ressentie, des siècles et des siècles, par les ancêtres que chassèrent les loups, les chiens et les hommes. Eux aussi redoutent la « mauvaise bouche » du voisin.

Au temps printanier de l'amour les broquarts ajoutent à leurs angoisses les tourments de la jalousie. Les rivaux se surveillent. Ils ne se quittent point. On les entend barrir comme des monstres dans le fond des taillis. A coups de tête ils luttent, ils se chargent, se blessent, et hurlent. Si maître est alors le délire de leur haine qu'à se poursuivre ils oublient leurs transes ordinaires, et passent le long de notre demeure, à dix pas de la dame qui lit sur le perron, du jardinier qui ratisse.

Voilà donc le bilan du bonheur que les simplistes attribuent à l'existence primitive. La peur et la haine ravagent les âmes à l'état de nature. Ces deux broquarts souffrent comme Antony. Ils connaissent les supplices de la passion domestique. Les gardes assurent même que si l'on ne sacrifie l'un des rivaux, ils se blesseront, s'abîmeront, et mourront tous deux. Sans compter que les femelles, causes de ce duel indéfini, dépérissent, molestées.

Oui, c'est une naïveté de croire que la civilisation apporte seulement des vices et des douleurs à la quiétude bienheureuse d'un Marocain, d'un Congolais, d'un Chevreuil. Cette pauvre vieille civilisation que les pacifistes injurient, que les philosophes de salon accusent comme un présent néfaste de M. Homais et des Frères Trois Points, en la brimant sous le nom désormais ridicule de « Progrès », cette pauvre vieille civilisation a tout de même débarrassé le barbare de la terreur, de la famine et de la rage constante.

Plus humain, certes, que ses pères, plus sociologue aussi, l'Européen du XXe siècle, s'il pénètre au milieu des races noires ou brunes, s'il tire un avantage évident de leur commerce, importe en échange, peu à peu, l'ordre, l'harmonie, la paix relative, une facilité meilleure de conquérir cette aise que déjà souhaitaient les bergers du Maroc en préparant, pour la vente, les toisons et les cuirs de leurs troupeaux, comme les noirs de la Pendée en semant et en récoltant le mil.

L'explorateur du centre africain, le commandant Lenfant, relate que les tribus hétérogènes, groupées au sud du Tchad, dans le massif du Yadé, et autour, les races à manioc et les races à mil, durent inventer une véritable éducation inter-Labi, sorte d'initiation que subissent les fils des chefs, des guerriers, des chasseurs notables. Pendant plusieurs années ces jeunes gens sont dressés rudement à la manière des Spartiates, dans la brousse. Ils apprennent une langue spéciale qui leur permettra de s'entendre, malgré la diversité des dialectes, avec tous les personnages éminents des peuplades installées dans la région. Ainsi les gens de la Renaissance pratiquèrent le latin pour correspondre entre savants et lettrés de tous pays. Ces labis passent des examens, comme nos bacheliers. Au milieu du pays le mieux fait pour séduire la paresse des hommes et les engager au contentement de peu, toute une aristocratie s'efforce de changer les mœurs avec les mentalités, de produire une civilisation supérieure.

Tant paraît insuffisante et précaire la félicité du commun.

Par ailleurs, il en est de même dans le parc. Aux chevreuils, une biche récemment fut jointe, que d'abord on apprivoisa. Rien ne la tente que la liberté sauvage. Dès le matin cette fille des bois accourt aux barrières qu'ouvrent les bûcherons. Elle les suit dans la coupe, se couche près d'eux.

Inutilement on la chasse. Elle revient. Au soir, les bûcherons partis, elle s'avance vers la maison, escalade les marches du perron, et lèche les vitres de la porte-fenêtre afin qu'on l'invite à pénétrer. Ou bien la biche se rend près les lavandières. Espiègle, elle s'amuse à leur dérober quelque pièce de lingerie. Cela seul l'intéresse que la civilisation agite : le jeu de la cognée frappant l'arbre, celui du battoir écrasant la lessive, celui des mains qui préparent le thé à l'air. Pouvant choisir entre la sauvagerie des chevreuils et les arts des hommes, cette biche n'hésite pas. Même elle se rit des chiens, les houspille et se divertit. Dans les pots des balustrades, elle préfère grignoter les jeunes pousses des géraniums, et, sur la haie raidement taillée, celles des lilas. C'est déjà le goût d'un festin ordonné, convenablement servi. Les branchettes du taillis attirent moins la gourmande. Toute personne nouvellement advenue l'intrigue. De loin, puis de près, la biche fait connaissance.

On sait que le nègre américain ramené en Afrique afin de civiliser ses frères d'origine dédaigne ces rustres, et, au bout d'un temps bref, exige le retour dans le pays des yankees, malgré l'asservissement au travail obligatoire et intense seul capable de nourrir, là-bas, son homme. L'insécurité, la misère des saisons à l'état de nature dégoûtent vite la descendance des Congolais qui prit coutume, en deux siècles, de se remplir l'estomac dans les bars, sous l'égide sûre du policeman, puis de ronfler en un lit de boarding-house. Comme la biche du parc, le nègre préfère la civilisation, ses besognes et ses tracas, à la sauvagerie, à ses inerties et à ses dangers.

Non. L'Allemand qui, naguère, hissa le pavillon impérial dans le port de Tanger, son œuvre, en symbolisant avec la brutalité germanique, l'emprise de l'Europe sur le domaine des races indolentes, n'a point justifié, pour cela, les ironies vulgaires contre le « civilisateur ». Quels que soient les façons et même les excès de certains subalternes excités par le climat, tout ce que fonderont leurs pareils latins, anglais ou teutons, en cette terre de luttes et de pilleries, améliorera la vie générale, à la fin de compte.

En dépit de Voltaire et de Jaurès, la biche espiègle doit avoir raison contre les chevreuils épouvantés.

XI

LES VISAGES FARDÉS

La malice du Méphistophélès allemand est ingénieuse. Arrêté pour tentative d'espionnage, un boxeur de Lille nous révèle que les folles filles de notre Flandre reçoivent, en Belgique, des subsides prussiens. Ainsi pourvues de toilettes, de parfums et de grâces, elles séduisent l'innocente jeunesse de nos sergents, de nos lieutenants. Entre les strophes d'amour, adroitement, elles insinuent des questions sur les défenses de nos forts, sur leurs moyens. Ces diablesses agréables s'évertuent à rendre aisée l'invasion promise chaque jour par les pangermanistes en l'honneur de la Teutonia future. Bruxelles héberge les agents qui recrutent les plaisantes sorcières, les stipendient, et les expédient dans nos garnisons, avec les louches compagnons chargés de leur surveillance.

Apprendre quelle direction souterraine suivent les lignes téléphoniques reliant nos forts autour de Lille, et si la faculté existe d'inonder subitement fossés, douves et abords : tel est le programme actuel. Ribaudes ou truands recueillent les photographies des redoutes, des bastions, des terrains fortifiés. Lorsque Mars heureux languit dans les bras de Vénus, elle obtient qu'il bavarde et se targue de sa science guerrière. Un garçon de vingt ans est toujours un poète. Instruit par les romances, il ne se défie pas d'une amante désintéressée en paroles. Aimé pour lui même, prodigalement rassasié de plaisirs voluptueux, il ne saurait croire, avant qu'on lui ouvre les yeux, à la trahison dramatique qu'incarne une créature lascive, adorante et flexible. Le plus malin n'admet pas le possible d'une aventure aussi théâtrale. Le plus sot ne soupçonne point qu'une hétaïre aux dentelles prestigieuses et aux soies parfumées l'adore pour un motif pratique. Et, peu à peu, sans savoir, le naïf guerrier parle comme on l'espère à Bruxelles. Le sein qu'il presse palpite de joie cupide et non de volupté. Dans la bouche que le galant contemple, c'est la perfidie qui ricane, et non l'amour qui remercie. Cette fille moite et nue, enfin seule se lèvera précipitamment. Elle notera, par crainte de l'oublier, les réponses et les dissertations du militaire qui voulut briller aux yeux de sa maîtresse en expliquant les périls des combats et les espoirs de triomphe.

Certes, en tout temps, les états-majors gagèrent ainsi des tentatrices pour arracher aux soldats les secrets de la défense ou de l'attaque. A Madagascar, les Japonais durant la guerre de Mandchourie, ouvrirent des temples hospitaliers. Les prêtresses de Priape cueillirent de précieux renseignements sur les lèvres des marins russes, pendant l'escale que fit la flotte de l'amiral Rodjetwensky avant de subir à Tsou-Shima les effets de cet espionnage. Donc les allemands utilisent une méthode ordinaire bien qu'un peu vile. Il se peut même que nous nous servions de moyens pareils dans les garnisons rhénanes. La leçon née de l'évènement lillois n'est pas nouvelle. Il apparaît mieux cependant que l'état-major prussien se décide à violer tout d'abord la neutralité belge pour venir attaquer nos lignes du Nord-Est.

Ce n'est pas en vain que depuis dix années, la banque et le commerce allemands s'emparent d'Anvers, que l'esprit allemand ressuscite partout la vie flamingante, hostile à l'emploi de la langue française. Ce n'est pas en vain que la diplomatie allemande menaça de rétablir « manu militari », la circulation par voie ferrée sur le territoire batave si les marchandises westphaliennes et badoises, lors des grèves, perdaient trop de leur valeur bénéficiaire en attendant la reprise du travail. Ce ne fut pas en vain qu'un message autographe de Guillaume II avertit la reine de Hollande qu'à la première heure de la mobilisation anglaise, les troupes et la marine impériales occuperaient les ports du Pays-Bas ; car il faudrait tout d'abord empêcher les transports britanniques de verser à l'embouchure de l'Escaut l'armée capable de prendre au flanc les divisions rhénanes envahissant la patrie d'Artevelde pour atteindre la France septentrionale.

Dès aujourd'hui, la neutralité belge ne persiste que nominalement. Anvers est un port germanique où dominent les banques hambourgeoises. Les flamingants salueront l'entrée des Teutons avec sympathie, et leur créeront une opinion favorable. En avril 1910, rue des Chasseurs, à Bruxelles, l'état-major berlinois disposait au grand jour ses plans de manœuvres.

La force de nos chimères françaises est sans pareille. Le vol de leurs ailes puissantes illumine de sombres horizons. Il nous éblouit. Il nous hallucine. Parfois, il nous aveugle. Parmi ces monstres nationaux, celui qui a nom « Pacifisme », l'emporte sur les autres par l'extraordinaire influence de l'idée qu'il symbolise. Ici personne ne s'attarde à l'hypothèse d'une guerre européenne. On imagine qu'indubitablement les diplomates et les économistes arrangeront les conflits, soit que, par avance le moins belliqueux cède aux plus armés avec la mine d'un philosophe élégant trop dédaigneux des moyens militaires pour en user lui-même, soit que le génie financier du faible lui permette de menacer le crédit de l'agresseur, et de le mater, le nerf de la guerre se trouvant être, plus que jamais, un nerf d'or. Voici la réponse. Un boxeur dénoncé par hasard dans un music-hall de Lille révéla une totale organisation de guerre, fonctionnant comme à la veille de la bataille, et un ennemi proche ne reculant devant aucun subterfuge, ainsi qu'aux heures tragiques, ce moyen fût-il d'ouvrir des lupanars, et de s'entremettre pour le placement des prostituées dans les lits des soldats bavards.

En outre, le gouvernement du royaume voisin où se trame cette trahison, en pleine paix, tolère, abrite les conspirateurs. A l'encontre, un jeune prince intelligent, ami de nos arts et de nos sciences, ne peut rien, tant il sait combien le joug impérial pèse sur sa nuque blonde, sur l'échine de son Parlement tout entier. Le peuple d'Artevelde mesure l'impossibilité de la résistance, et que tout chez lui doit céder à l'opiniâtre volonté de Berlin. Or, si elle accomplit un pareil effort diplomatique anéantissant, dès cette heure, la neutralité belge, cette volonté ne vise-t-elle point à une action directe et, peut-être, prochaine ?

L'angoissante question fut, d'autre manière, posée à Londres, dans la Chambre des Communes. M. Asquith se fit demander par un des honorables membres s'il existait un contrat assurant la domination navale anglo-française dans la Méditerranée, engageant notre flotte à protéger, en temps de guerre, les navires et les cargaisons britanniques sur la route de Suez. M. Asquith répondit par la négative. Sans doute voulut-on ainsi attirer l'attention frivole de notre République sur les efforts de la Triplice.

En effet, l'Autriche et l'Italie rapidement se préparent à jouer les rôles principaux dans cette Méditerranée où, depuis si longtemps, des esprits clairvoyants réclament la concentration de nos meilleures escadres. Nos côtes de l'Océan et de la Manche seraient défendues suffisamment par les batteries fixes, les vieux cuirassés, les torpilleurs, quelques sous-marins, et les troupes territoriales normandes, bretonnes et gasconnes. La Méditerranée une fois couverte par l'ensemble de notre puissance navale, il deviendrait loisible à l'amirauté anglaise d'appeler, dans les mers du Nord, ses forces flottantes. Ainsi réussirait-elle à maintenir libre, pour ses transports militaires, la route de Londres à Anvers, que tenteront de couper les croiseurs allemands embossés dans les ports de Hollande.

Que ce soit au Parlement de Londres, que ce soit à notre frontière du Nord, les amis ni les ennemis n'estiment que l'on doive omettre les préparatifs stratégiques. Seule, en Europe, notre majorité radicale socialiste dort sur les deux oreilles, néglige les problèmes de la défense, ne pense même point à compenser en augmentant, peut-être en doublant notre artillerie, la différence des nombres humains que le conflit peut opposer dans les champs de l'Est.

La plus traîtresse des démones n'est pas celle que le boxeur de Lille conduisait aux alentours des casernes. Un visage aussi fardé, aussi trompeur, non moins perfide, pour sincère que semble la foi de ses amants, c'est le visage actuel de la Paix. Il nous hypnotise et nous endort, avec un sourire de douceur. Quand notre faiblesse paraîtra certaine, puissent les Barbares ne pas l'enchaîner aisément ?

XIII

L'ESPRIT NORMAND

ET L'ESPRIT ANGLO-SAXON

Pendant que M. Roosevelt prononçait à Christiania son discours sur les moyens de la Paix, sur l'armée internationale nécessaire pour faire respecter les sentences de l'arbitrage, Edouard VII commençait à mourir, et le *Daily Telegraph* publiait ces lignes : « La santé du roi est non seulement un objet d'affectueuse sollicitude de la part de tous les sujets de ce royaume ; elle est aussi d'une importance capitale pour tous les hommes d'Etat européens. »

Cettre phrase faisait allusion au système d'équilibre maintenu en Europe grâce à l'Entente, cette Entente qui réunit les pays anciennement conquis par les Normands de Rollon, de Rurik et de Guillaume, l'Entente anglo-franco-russe que complètent des accords chaque jour plus certains entre les diplomates du tzar et ceux du mikado. L'influence personnelle du souverain très sympathique aux aristocraties de ces peuples, tant par l'excellence de ses facultés intellectuelles que par la franchise et la netteté de ses goûts, fortifia certainement l'énergie de ceux qui furent les approbateurs de ce plan. Plan trop grandiose d'abord, sans doute inspiré par le souvenir historique des invasions normandes aux IXe, X^e et XIe siècles, en Russie, en France, en Angleterre. Séduits par le Parisien qu'était Edouard VII, nous nous laissâmes engager dans une combinaison que les procédés de Fashoda n'avaient guère préparée, que les intérêts de la Bretagne, de la Normandie, de la Champagne et du Bordelais recommandèrent. D'ailleurs, si nous avions, au moment de la guerre sud-africaine, essayé de nous unir au peuple d'Allemagne, alors tout ému en faveur des Boers par le sentiment qui possédait nos foules, l'empereur de Berlin et ses ministres avaient ironiquement repoussé ces avances franco-russes. Il nous fallut abandonner résolument l'illusion d'une alliance continentale, et nous replacer sur le terrain de la défensive, où les pangermanistes ne tardèrent pas, lors des complications marocaines, à nous attaquer.

Quel que soit, pour notre sort historique, le résultat ordinaire des complicités anglo-françaises, dans lesquelles nous avons joué toujours le rôle de la dupe, à Sébastopol comme à Pékin ; quelle que soit l'hostilité doctrinaire du Foreign Office contre notre grandeur, hostilité qui conseilla les traités entre Londres et Lisbonne, entre Londres et Madrid et, plus récemment, des mariages royaux, afin de pouvoir, à toute heure, reprendre la marche d'un autre Wellington contre un autre Soult par delà les Pyrénées, voire, comme en 1814, jusqu'à Toulouse ; quels que soient ces inconvénients, il vaut mieux collaborer pour l'instant à l'œuvre de contredire la puissance germanique, dussions-nous payer un jour les pots cassés. Ils pourront l'être sur notre sol par les uhlans de l'invasion.

Après quelques succès, la Triple Entente normande, l'anglo-franco-russe, éprouva le rude échec dans l'affaire de la Bosnie-Herzégovine. Il fut impossible de contenir les Allemagnes, celle de Vienne et celle de Berlin, qui obligèrent les Ruriks de Pétersbourg à reconnaître, sous la menace du canon, le nouvel état de choses aux Balkans. A la suite de ce mécompte, les Rollons, les Ruriks et les Guillaumes préconisèrent l'appel aux vigueurs japonaises que le Transsibérien, que la flotte de Tsou-Shima amèneraient en quelques semaines sur les lieux du conflit, avec le pouvoir de couvrir les retraites savantes, et d'arrêter les marches téméraires. L'annexion définitive de La Corée récompense le pacte. Cette entrée en jeu de l'Asie fut, assure-t-on, l'œuvre du feu monarque. Solution élégante, comme disent les mathématiciens. Sur l'échiquier diplomatique, un cavalier nouveau surgissait, capable, peut-être, de faire échec au roi de Prusse en cas de partie prolongée. Ainsi, l'entente normande réussissait vraisemblablement une ébauche de cette armée internationale espérée par Roosevelt, à Christiania, pour l'efficacité de l'Arbitrage.

Le récent triomphe des radicaux anglais sur les Lords avait nui quelque peu à cette politique, qui était une politique d'action, une vraie politique de Vikings, celle des Hastings et des Guiscard.

A Londres comme ailleurs, les partis de gauche réprouvent tout ce qui, devant la force germanique, prépare autre chose que des abdications nationales. Un article audacieux avait même paru dans une revue mensuelle, qui fut promptement retirée des librairies. Le souverain s'y trouvait mis en demeure de négliger la tradition normande au dehors, pour attiser avec plus d'énergie les querelles intestines, seules dignes, assurait-on, de ses soins. Aussi, prévoyant cette opposition, Edouard VII avait-il refusé de mettre, comme on l'en priait ici, une armée complète sur le pied de guerre, avec une flotte de transports prête ; condition préalable de toute attitude belliqueuse en France, de toute résistance efficace aux injonctions des puissances centrales.

Inspiratrice probable de cet article scandaleux, la majorité actuelle des Communes n'aura point à craindre de son nouveau prince une action aussi nettement orientée. Anglo-saxon et nordique, pourvu de toutes les idées que le protestantisme règle, George V, à l'inverse de son père, n'aime pas la licence des races à culture latine. Son sang est bien celui de ces Jutes, Angles et Saxons qui, pendant trois siècles, arrivèrent du Danemark sur leurs flottilles pour s'installer dans l'île britannique. En lui Hamlet murmure contre les péchés d'Elseneur et du monde. Il n'a point ce goût de nos mœurs particulier aux Northmans de Rollon, qui, de 911 à 1066, se francisèrent assez pour répandre ensuite sur la terre anglaise, grâce à la victoire de leur descendance et aux pennons de Guillaume le Conquérant, notre langue, pour l'y maintenir officiellement jusqu'au XIVe siècle.

George V est plus Angle que Normand. Edouard VII, au contraire, vibrait avec l'âme de Rollon quand il se plaisait sur nos boulevards, dans nos théâtres, dans nos clubs, sur nos plages. Du père au fils, les deux caractères types de la Grande-Bretagne se différenciaient entièrement. Deux vigueurs disparates de la nation, celle des envahisseurs normands et celle des envahisseurs germains, s'incarnèrent, l'une en Edouard VII, l'autre en George V. Aujourd'hui nous pouvons, avec la logique, craindre que l'Anglo-Saxon tout à l'heure couronné fasse dévier l'œuvre du grand Normand que l'on va mettre en terre. L'union des Nordiques peut s'accomplir sous le nouveau règne, au détriment de la civilisation méditerranéenne. Et cela non à la suite d'incidents, d'occasions, de menées individuelles ou politiques, mais par la fatalité de la philosophie qui occupe les cerveaux de l'élite saxonne. Autour du roi George se grouperont toute la jeunesse d'Oxford, admiratrice de l'érudition allemande, de l'économie allemande, de l'opiniâtreté allemande ; tous les clergymen hostiles au papisme de nos conservateurs et à l'indépendance morale de nos innovateurs ; toute la bourgeoisie chaste, pieuse, médiocre et probe qui gardait le silence sur les péchés du monarque défunt, mais qui *préférera* la vertu du monarque vivant.

De tous les drames représentés en Germanie ces derniers temps, ceux de Shakespeare remportèrent le plus de succès. Schiller n'obtient que la seconde place dans les admirations positives, c'est-à-dire payantes, des spectateurs allemands. Constatons cette affinité des esprits entre les deux élites. De Londres et de Berlin on entreprendra volontiers le voyage pour s'embrasser dans Elseneur à l'avenir. Les Saxons de la Tamise et les Saxons de l'Elbe vont fraterniser. L'esprit normand s'est, avec le roi Edouard, endormi, peut-être.

XIV

LA LEÇON DES CHINOIS

Aux temps héroïques de leur histoire, les diverses races et nations qui composent aujourd'hui l'empire de Chine fournirent au monde tous les fléaux du dieu de colère. Qu'elles aient suivi Attila, Gengis-Khan ou Tamerlan, qu'elles aient donné aux Sarrazins la force turcomane et turque afin de supplanter à Constantinople, dans leur grandeur, leurs coutumes et leur diplomatie même, les Basileis de Byzance, ces foules peuvent compter entre les plus militaires célébrées par les annales de l'effroi européen. Sous le croissant de l'Islam, leurs descendants faillirent s'implanter à Vienne. Certains occupèrent l'Acropole, après en avoir chassé les fils de Thémistocle et de Bélisaire. De l'Asie nord-orientale, réservoir des pullulements, maintes et maintes hordes se sont ruées vers nos patries, et ont vaincu leurs défenseurs pendant un millénaire et plus. Ajoutez que ce ne fut pas seulement la fureur sauvage qui conduisit au triomphe leurs volontés. Les Gengis-Khan et les Tamerlan surent adjoindre à leurs états-majors des ingénieurs grecs et italiens experts dans l'art des sièges, et théoriciens de stratégie. Ce dernier, enfin, laissa près de Samarkand, pour monuments de sa gloire, les œuvres d'une architecture magnifique.

Après tant de combats vigoureux et savants, menés au loin, perpétués en d'interminables guerres intestines, les philosophes et les littérateurs calmèrent enfin cette rage durant la domination d'une puissante dynastie, habile à opposer les partis, à diviser pour commander l'ordre et la quiétude. Ces coupeurs de têtes, ces violateurs, ces incendiaires, ces massacreurs, ces tortionnaires, se sont mués en un peuple de jardiniers méticuleux. Quatre cents millions de jaunes nés de ce sang belliqueux cultivaient le petit jardin de Candide, sur le conseil de leur Buddha, de leur Confucius, bien avant que ces esprits eussent inspiré Voltaire. Du Se-Tchouen au Kouang-Si, ces disciples de très antiques **Pangloss** soignent le riz et les légumes dans les plaines des immenses fleuves asiatiques, sur les terrasses étagées des montagnes aux rocs bizarres. Contents de peu, ils ont supprimé la plupart des besoins qui nous harcèlent et contraignent au travail, à l'ennui, à la haine nos multitudes ouvrières. Vénérant l'érudition dans la personne des mandarins, détestant la force dans la personne de leurs militaires, ils parurent obéir aux prescriptions de notre divin Arouet, qui ridiculisa la guerre dans les fameuses pages où il décrit l'étonnement de l'homme ayant vu quelques milliers de chats réunis sur une plaine se répartir en deux camps pour se précipiter ensuite les uns contre les autres, se déchirer, s'entre-tuer, proclamer et couronner un César à moustaches aiguës et à miaulements impériaux.

Trois siècles, en dépit de quelques algarades, cette sagesse a prévalu sur les bords du Yang-Tse-Kiang. Seuls, alors, les gens tarés consentirent à s'enrôler ; seuls, les lettrés incapables d'accéder aux grades supérieurs acceptèrent le bouton des mandarins militaires. Lorsque l'étranger portugais, anglais, français s'introduisit dans les golfes, on le laissa faire en souriant, plutôt que de remettre au dieu des combats le soin de rejeter dans la mer ces intrus, leurs marchandises, leur or et leurs canons. L'énormité de son empire permettait au souverain de ne pas déranger ses peuples par l'appel aux armes, tant paraissait insignifiante la prétention de quelques Européens s'installant à Canton, à Shanghaï, à Tien-Tsin, points infimes et noyés du territoire céleste. Après tout, si ces marchands tenaient beaucoup à construire sur les ports des magasins, à les protéger par des redoutes et de l'artillerie contre les brigands, hélas, partout actifs, même dans la patrie céleste des jardiniers philosophes, qu'on laissât faire cette vermine, à tout prendre innocente et sotte, ridiculement vaine de sa vapeur, de sa mousqueterie et de ses mécaniques ! L'empire du Milieu et ses quatre cents millions d'horticulteurs ne pouvaient être dévorés par ces groupes minuscules. Leur trafic, par ailleurs, offrait à quelques régions de la prospérité locale. Ces exotiques achetaient le riz, les porcelaines, les soies, mille produits de la vertu chinoise, docte, patiente, ingénieuse, et trop supérieure pour faire massacrer des milliers d'hommes afin de sauvegarder un vain orgueil de pavillon.

Comme Voltaire et comme Hervé raisonnèrent ainsi les empereurs de Chine. L'opinion fut telle jusqu'à l'heure de 1895, où les Japonais, imitateurs de l'Europe, prirent pied sur la terre céleste, y vainquirent et y imposèrent la volonté du Soleil Levant. Cependant, les Russes s'emparaient de l'Amour, descendaient à Port-Arthur, dominaient la Mandchourie, sol sacré d'où les monarques de Pékin étaient issus avec la vigueur des hordes qui avaient instauré leur prestige sur les nations jaunes. L'union de ces races différentes se pouvait rompre, avec leur fidélité envers une dynastie qu'elles sentiraient trop faible pour maintenir cette prodigieuse synthèse d'intérêts, de coutumes, d'aspirations. La révolte des bateliers furieux contre la concurrence faite à leur métier par l'œuvre des voies ferrées européennes marqua le début d'une période active dans la crise redoutable. Les sociétés secrètes et religieuses profitèrent de ce mécontentement pour lancer contre l'Etranger leurs Boxers. Car l'intrus diminuait, comme elles l'avaient prévu, la facilité de la vie chinoise, en substituant aux vieux systèmes nationaux des méthodes inconnues, dangereuses, affamantes. N'avait-on pas armé le Japon ? Ne ruinait-il pas la batellerie, donc tous ceux aussi qui vendent aux bateliers ?

Le pitoyable résultat de la guerre, d'abord mal connu, finit par atterrer ceux des horticulteurs qui pouvaient savoir le péril. Et le nationalisme se réveilla dans les âmes de l'élite, accru par le spectacle de la victoire japonaise, de la défaite russe. Les Jaunes pouvaient commodément chasser les Blancs. L'orgueil renaquit au cœur des vieilles familles à l'ascendance guerrière. Des sacrifices furent accomplis, des préjugés méconnus, toute la philosophie discutée. La jeunesse partit pour le Japon, y étudia les sciences occidentales. Une armée se constitua. Des camps, des casernes, des forts d'arrêt s'élevèrent entre Pékin et Tien-Tsin. Les troupes furent instruites, exercées, entraînées. Aux manœuvres de 1906, les attachés militaires d'Europe jugèrent que si les légations étaient une seconde fois assiégées dans Pékin, les troupes de secours ne pourraient plus disperser les forces chinoises.

En même temps, le nombre et l'aisance des voyageurs chinois encombraient les trains commençant à rouler sur la terre des Génies, des Ancêtres et des Dragons. Nous avons vu la délégation de leur état-major étudier récemment, ici, le vol des aéroplanes. Si, depuis un an ou deux, la Cour redoute l'influence prise par les réformateurs de l'armée sur une partie de la jeunesse préconisant tout à coup les théories constitutionnelles, écoutant ceux qui leur parlent de Darwin et de Spencer ; si les vice-rois jaloux de cette même influence diminuent sous mille prétextes le rendement des impôts destinés à l'entretien des troupes ; si celles-ci, mal payées, mal nourries, mal armées, perdent de leur puissance efficace ; si leurs chefs secondaires obtiennent la disgrâce des supérieurs enviés, il n'en est pas moins évident que les délégués des provinces réclament avec opiniâtreté du Régent la convocation d'une Assemblée nationale, capable d'élaborer une constitution, de créer une armée, de rendre la Chine semblable en initiative et en puissance aux peuples d'Occident. Or, cela suppose aussi toutes les conséquences sociales et militaires.

« Nous faisons serment de mourir plutôt que de rester inactifs », ont déclaré les mandataires des provinces après le refus suprême d'examiner leurs pétitions.

Le Candide chinois renonce à cultiver son jardin. Buddha, Confucius et Voltaire voient leurs belles idées philosophiques et humanitaires démenties par cette singulière résurrection d'une ardeur endormie pendant trois siècles en quatre cents millions d'âmes jadis cruelles.

Candide cultivera-t-il jamais son jardin symbolique en une partie du monde ?

XV

LE HARO DE COPENHAGUE

Avertis, avec un million et demi de lecteurs, par la célèbre brochure du leader socialiste anglais, Robert Blatchford, *le Danger allemand*, ses compatriotes délégués au congrès internationaliste de Copenhague en 1910, s'élevèrent d'abord, avec toutes véhémences, contre les mandataires prussiens près d'esquiver la rédaction franche d'un vœu relatif au désarmement. On a crié haro. On a fait honte de leurs réticences à ces prolétaires qui, dans leur pays, tolèrent, sans révolte des crimes judiciaires analogues à celui-ci :

« Un officier brandebourgeois, retiré dans ses terres de Lorraine, parce qu'il avait des accès de folie furieuse qui l'auraient gêné pour commander un escadron prussien, a tué à bout portant, d'une balle de revolver, un ouvrier inoffensif qui lui déplaisait. *L'officier assassin a passé devant un conseil de guerre. Vous croyez peut-être qu'il a été puni, ou du moins interné ? Il a été acquitté !...* »

Voilà donc face à face la justice du militarisme pangermaniste et l'esclavage du prolétariat en Alsace-Lorraine ; voilà ce que nos *antipatriotes conscients* proposent de subir à nos travailleurs de l'usine ou des champs comme des actes identiques aux sévices en usage parmi nous, sous la République ; voilà un exemple certain confirmant, n'est-ce pas, l'opinion des imbéciles prêts à soutenir que, pour les classes laborieuses, il est indifférent de rester françaises ou de devenir allemandes ; voilà le genre de sentences et le symbole de l'esprit qui, tout de même, exaltèrent un peu, au congrès de Copenhague, les internationalistes de tous les pays contre leurs collègues prussiens.

Les télégrammes apportèrent les rumeurs qui se propageaient autour de l'assemblée, dans l'air danois. Nous sûmes que les Anglais flairaient le *Danger allemand* et discutaient la rédaction ambiguë de la note sur le désarmement présentée par la faction des socialistes germains. Nous apprîmes qu'à la suite de la controverse préliminaire, on dut confier cette rédaction à l'Anglais Reneck et à l'Allemand Ledebeff, afin d'obtenir un texte acceptable pour tous les cosmopolites. Nous apprîmes qu'indignés par les forfanteries impérialistes du Teuton Radeck, beaucoup de délégués s'ameutèrent, l'obligèrent à s'expliquer, à pallier ses audaces, à démentir le refus d'adhérer aux propositions de désarmement, enfin à crier : « Plutôt l'insurrection que la guerre ! » Malgré ces palinodies, l'antagonisme se précisa entre les internationalistes sincères et l'équipe berlinoise. Il en sera bientôt, aux congrès socialistes de Copenhague et d'ailleurs, comme il en fut aux congrès diplomatiques de La Haye. L'âme barbare de la Germania n'abdiquera point franchement, même par ses bouches marxistes, le pouvoir de triompher avec les moyens sanglants de l'invasion, puis avec les fouets de la tyrannie.

Quoi qu'en puissent dire nos socialistes, les 189 délégués Allemands ont imposé aux 84 Anglais, aux 72 Autrichiens, aux 49 Français réunis dans Copenhague pour le congrès de l'Internationale, un texte d'ajournement qui réprouve en somme, au bénéfice de la guerre, les moyens dont le prolétariat dispose partout, s'il entend contrarier les préparatifs des hostilités. Alors que les Anglais, les Français, très follement d'ailleurs, prétendent opposer à la mobilisation une grève générale des transports et des industries métallurgiques, les délégués prussiens, polonais mêmes, objectent leur crainte du procureur impérial s'ils votent une résolution empreinte de cet esprit. Le sentiment de discipline teutonique l'emporte, dans leur cœur, sur les idées de la philosophie sociale. Une fois encore, et après les phrases sarcastiques de Bebel répondant aux invitations pacifistes de Jaurès, et après le refus de recevoir le mandataire de la C. G. T. envoyé à Berlin, lors des complications marocaines, pour organiser la résistance internationale des travailleurs contre les aristocraties belliqueuses, une fois encore les socialistes d'outre-Rhin se dérobent à toute entente positive. Inutilement Français, Anglais, crièrent haro contre les germanisants de Copenhague. Inutilement on leur fit honte en tumulte. Leur volonté prévaut. En ajournant au prochain congrès, celui de 1913, la discussion du texte relatif à l'organisation pratique de la résistance, les délégués du collectivisme allemand s'en tiennent aux formules vagues et aux vœux sans résultats. L'admirable discours de Jaurès ne peut altérer la clairvoyance des plus naïfs. A Copenhague comme à La Haye, l'ouvrier comme le diplomate prussiens réservent à leur patrie le droit de recourir à la force pour dominer l'Europe économique.

Il me semble que joints aux faits de l'intervention dans les affaires du Maroc où les intérêts de Hambourg tiennent la septième place, et aux résultats patriotiques des élections allemandes en 1907, ces déclarations nous ôtent tout espoir de sceller entre les peuples germaniques et les peuples latins, une charte de paix certaine. Le discours de Guillaume II à Kœnigsberg n'est pas seulement une évocation littéraire de l'âme médiévale et barbare. Cet homme, très intelligent, très averti, sait que, pour étonnantes qu'elles semblent aux élites, de telles paroles réveillent, dans le fond des âmes populaires, à Dantzig, à Breslau, à Stuttgart et à Cologne, l'orgueil unanime et trop réel qui, tant de siècles, disputa la domination du vieux monde aux légions romaines des Césars comme aux brigades celto-latines des Buonapartes. Cet orgueil des races germaniques subordonne tout à son ambition nationale. Celui qui attise le feu d'un four à métal en Westphalie, celui qui rapetasse les savates en un faubourg de Ratisbonne, laisseront là, pour courir aux armes, qui son ringard rouge, qui son fil poissé, et aussi volontiers que le hobereau du Mecklembourg laissera ses chiens de chasse, ses livres d'agronome et ses charrues modèles. Il suffira d'un mot d'ordre propagé dans les rédactions de journaux et qui donnera, pour la guerre, des prétextes acceptables, économiques ou même historiques. Socialistes et junkers marcheront en accord sous le casque à pointe contre le prolétariat de France.

Devant cet esprit irréductible de la nation germanique se peut-il que nos partis radicaux et socialistes continuent soit à mettre au second rang de nos préoccupations publiques, soit à combattre comme féroce et suranné le développement militaire de notre pays ?

Autrement dit convient-il d'envisager la germanisation progressive de l'Europe et la disparition graduelle de notre influence ainsi que d'inéluctables et prochaines fatalités ? Ou bien importe-t-il de s'entendre pour évincer de nos querelles politiques toutes les questions d'armement et pour les résoudre à l'*unanimité*, dans le sens de l'accroissement ininterrompu des forces *morales* et matérielles indispensables à notre victoire ?

Depuis quelques années, depuis l'Affaire, c'est, pour la plupart des candidats, un jeu que de promettre les réductions de service, c'est pour la plupart des députés un moyen de popularité commode que de harceler le gouvernement afin d'obtenir des sursis. Un tiers des réservistes convoqués, assurait naguère un ministre à la tribune, n'accomplit pas son devoir, grâce aux sollicitations des parlementaires. On a secoué partout le joug de la discipline, amoindri l'autorité du chef, d'abord en ce qu'elle avait d'excessif, puis en ce qu'elle avait d'indispensable. Parce que deux ou trois centaines d'officiers à l'esprit réactionnaire prirent, *il y a dix ans et plus*, le mauvais parti dans le conflit qui divisa le peuple sur l'idée de justice, nous avons, gens de gauche, énervé quelque peu les vertus efficaces de notre armée. Trop confiants dans le rêve si logique, si naturel de fraternité internationale entre les peuples de civilisation européenne, nous avons laissé l'espoir de la réalisation prochaine se répandre dans les cités, dans les campagnes. Ainsi firent, avant 1870, les amis politiques de Jules Favre. Quand le maréchal Niel, épouvanté de la formidable puissance militaire qui se dressait près de nous, supplia le Parlement d'accorder les crédits nécessaires à l'organisation sérieuse des gardes mobiles, à la réfection de l'armement et à la transformation de l'état-major, la gauche, éblouie par ses idées humanitaires, contredit avec acharnement. Le fruit de cette philosophie supérieure nous l'avons cueilli à Sedan. Et ce même Jules Favre dut ouvrir Paris libéral et libertaire aux armées des rois allemands. Ce même Jules Favre qui avait crié en réunion publique : « Ils n'auront pas un pouce de notre territoire ni une pierre de nos forteresses ! »

Nous sommes aujourd'hui beaucoup de Jules Favre qui, dans l'ardeur de la bataille, saurions proférer des paroles héroïques et ridicules ; mais qui, dans la préparation de la défense, ne savons pas échapper à son erreur tragique. Et je me demande s'il ne serait pas temps de nous concerter tous, radicaux, radicaux-socialistes, socialistes, voire socialistes unifiés, pour faire comprendre à la nation que l'heure n'a pas sonné du désarmement, pour l'avertir loyalement du péril, pour la supplier, à notre tour, d'oublier le rêve de l'internationalisme et d'accepter, de nouveau, les duretés, même les injustices de la discipline stricte, du service fréquent, toutes les servitudes et toutes les grandeurs d'un devoir militaire, plus que jamais opportun.

C'est, pour la France, maintenant, le plus grave problème, celui de la vie ou de la mort. Avec ses soixante millions d'hommes, son prodigieux développement industriel, gage de tous les emprunts, sa discipline exacte et son orgueil de race unitaire, l'Allemagne nous absorbera si nous ne lui opposons la plus ferme résistance.

Quoique la police prussienne ait massacré, dans le Moabit, tant de charbonniers grévistes, quoiqu'elle ait inondé de sang ouvrier tant de rues et d'avenues, dans cet été de 1910, il est quelques gens pour dire : « Qu'importe d'être Français ou Allemand. Le prolétaire ne souffre pas moins à Paris qu'à Berlin ». A ceux-là, dans Copenhague, les délégués internationalistes prussiens et polonais viennent de répondre. Ils avouent ceci : La peur des châtiments judiciaires les empêche d'exprimer loyalement leur avis sur les moyens d'entraver les préparatifs d'une guerre européenne. Tandis que les Anglais, que les Français n'ont rien à craindre de leurs gouvernements ni de leurs lois s'ils signent cette opinion, les Allemands ont tout à redouter de leurs procureurs. Ce seul exemple nous semblera parfaitement symbolique. Est-il besoin d'ajouter que les Alsaciens-Lorrains protestent de plus en plus. Après quarante années d'annexion, le pouvoir d'empire n'ose leur accorder les plus élémentaires des libertés régionales tant il redoute les velléités d'affranchissement, d'indépendance et de séparatisme, très vigoureuses dans les cœurs d'une population dépouillée de ses salaires et de ses bénéfices anciens par l'immigrant de Prusse, insultée quotidiennement par les fonctionnaires de l'Empire. En quarante ans, ni les Lorrains ni les Alsaciens qui parlaient la langue du vainqueur, avant 1870, qui partageaient les mœurs et les goûts de la Forêt-Noire, n'ont pu se faire aux façons de leurs maîtres. Ils souffrent.

On doit interdire l'usage du clairon aux sociétés de gymnastique, parce que le son de cet instrument peut ameuter la foule et lui inspirer des manifestations françaises. Et qui remarque, analyse cet état des esprits alsaciens-lorrains ? Les gazetiers pangermanistes eux-mêmes. Ils seraient certes les derniers à décrire ces pitoyables effets de la tyrannie prussienne, s'ils ne les savaient évidents. Ces journalistes réclament des mesures d'oppression plus sévères afin de mater cette éternelle rébellion, comme on tente de mater la rébellion polonaise.

Il n'est donc pas indifférent de rester ou non Français.

Après quarante ans d'essai, le peuple d'Alsace-Lorraine en est aujourd'hui convaincu. Il se rebiffe. Il s'exalte. Il affirme de la sympathie pour notre République, moins par théorie de patriotisme que par espoir de moindre souffrance. A Noisseville, le gouvernement impérial dut multiplier les postes de gendarmes chargés de contenir, de disperser les groupes lorrains venant célébrer l'anniversaire de la bataille, tant leur manifestation paraissait dangereuse.

Et n'allez pas croire que ce sont là coercitions nécessaires contre d'incorrigibles bonapartistes, nationalistes et autres réactionnaires antédiluviens. Aux élections de 1907, telles affiches de candidats socialistes proclamèrent : « *Alsaciens-Lorrains, rappelez-vous ce qui vous est arrivé depuis 1870 sous la domination de l'Allemagne prussienne. On a voulu ignorer que, pendant deux cents ans, nous avons appartenu à la France pour chercher à nous prussianiser de force. Il est vrai qu'à l'école, on nous parle de la bonté allemande, de l'honorabilité allemande, de la générosité allemande ; mais, jusqu'à présent, nous n'avons appris à connaître que l'orgueil prussien, l'arbitraire prussien, la morgue prussienne.* » J'emprunte cette citation au livre de M. Jean Anny, *Témoins d'Alsace*, livre que tous les instituteurs de France devraient dicter à leurs élèves, phrase par phrase.

En 1910, l'Alsace-Lorraine hurle sa peine sous le joug allemand, comme, en 1850, la Lombardie hurlait la sienne sous le joug autrichien.

Guillaume II, par son récent discours, invoquant le droit divin et la force des armes, a prêté à cette oppression les motifs les plus odieux pour un peuple dont les pères suivirent leurs compatriotes, Kellermann, Kléber, Ney, en chantant la *Marseillaise*, contre toutes les armées de la tyrannie, commandées par des chefs prussiens, les Brunswick et les Blücher ; de 1794 à 1815.

S'il exaspère bien des Allemands mêmes, libéraux et socialistes, ce discours a ses panégyristes dans la plupart des gazettes. Le chancelier, M. Bethman-Holweg, en assumant la responsabilité de ces paroles barbares, savait que la presse conservatrice, bourgeoise et huguenote le seconderait. Certes, les socialistes du *Vorwærts* protestent avec fureur, certes les libéraux blâment cette conception mystique et sauvage à la fois du devoir impérial dévolu par le sort à la dynastie des Hohenzollern ; mais, à vrai dire, ceux qui détiennent le pouvoir, la richesse, l'influence, en Allemagne, ceux qui peuvent commander efficacement à ses soixante millions de citoyens dociles, ceux-là répétèrent les trois « hurrahs » proférés par l'Empereur à la fin de sa péroraison.

Menace que les Anglais comprennent merveilleusement. L'accueil fait à la brochure du socialiste Robert Blatchford prouve la clairvoyance de nos voisins, comme la naïveté de notre C. G. T. et de ses braillards. Un million et demi de personnes achetèrent, dans les Iles Britanniques, l'opuscule relevant les défis du pangermanisme, les théories conquérantes de ses diplomates et de ses philosophes, le « par le fer et par le sang ! » de Bismarck ; le désir général de dominer l'Europe et d'y parvenir au moyen de tous les crimes nationaux ; le plan d'envahir la France, d'y rester, de tenir, par Cherbourg et Calais, la Manche ; par Anvers la mer du Nord ; par Lyon et Marseille, la Méditerranée ; puis de réduire à rien le commerce et l'industrie anglaises ; d'affamer les multitudes laborieuses du Royaume-Uni.

« *Il nous faut une armée... Il nous faut une armée et une marine invincibles* », conclut Robert Blatchford.

Cette dernière phrase doit être aussi notre conclusion française. Un officier général prussien, critiquant le discours de Guillaume II, nota qu'il n'était nul besoin d'accroître les forces germaniques, puisque leur artillerie l'emportait sur la nôtre au nombre et en qualité.

Alors, que font nos généraux ? Qu'attendent-ils pour exiger du pays le sacrifice nécessaire qui doublera nos batteries, qui changera les fusils, qui multipliera les aéroplanes, qui créera les compagnies et les escadrons de troupes à mitrailleuses ?

Hélas ! Ces vieillards veulent de l'avancement, des commandements suprêmes, des étoiles et des écharpes de pourpre. Afin d'obtenir ces avantages, ils ne réclament rien parce que les politiciens leur refuseraient ensuite toute faveur.

Les vieillards chamarrés continueront-ils à se taire ? Comment siérait-il, alors, de nommer leur silence ?

Si les Anglais crièrent haro à Copenhague, sur l'Allemand, si M. Jaurès lui-même y a battu la mesure de la *Marseillaise* qu'on exécutait, c'est que la menace grandit toujours. L'Empereur Guillaume ne l'a point caché en promettant le massacre à notre prolétariat, au nom du Droit Divin.

Le peuple qui a fait la Révolution universelle, doit se garder indépendant pour achever l'évolution sociale.

LIVRE II

Contre Nous

XVI

INCONSTANCE DE LA FOULE

L'inconstance de la foule a suggéré de nombreux travaux dans le monde attentif des psychologues. Le génie de Gabriel Tarde voua ses plus beaux éclairs à l'illumination de cette âme obscure et protéenne. Le docteur Gustave Lebon a, sur le même sujet, composé de précieuses études, un moment interrompues par ses recherches de synthèses scientifiques. En un temps où le pouvoir de gouverner passe des ministres aux parlementaires, et des parlementaires aux comités, l'obligation des élites n'est-elle pas de mieux connaître l'esprit des groupes impulsifs, maîtres désormais, celui de leurs présidents, secrétaires, trésoriers qui, dans les salons comme dans les tavernes, s'abouchent afin de régenter l'Etat, par le moyen d'un élu docile ? Dans une démocratie, la science des foules doit être le principal souci des influents.

Aussi convient-il d'ausculter souvent la palpitation des castes assemblées au cœur des capitales. Très instructives sont les variations de leurs sentiments.

On se rappelle la ruée des foules qui remplirent les trains, qui se précipitèrent vers les aérodromes de Reims et de Juvisy, à toute vapeur, qui bousculèrent les stations et crièrent famine dans les gares saccagées. Quelques mois après, la population de Saint-Etienne insulta violemment plusieurs aéronautes que le vent et divers hasards empêchèrent de s'élever au ciel. Il y eut une émeute. A grand'peine la troupe protégea ces malheureux. Les organisateurs de l'épreuve durent, si je ne me trompe, rembourser l'argent. A la même époque, la souscription ouverte par le *Temps*, journal des capitalistes, pour construire quelques dirigeables militaires, présenta de maigres totaux si l'on compare ceux obtenus, dans la même intention, par les initiatives allemandes. Ni le patriotisme des classes riches et protectionnistes, ni l'ardeur scientifique des ingénieurs ou des industriels en quête d'une invention exploitable, ne décidèrent les lecteurs instruits et opulents de ce quotidien. Née de notre génie propre, réalisée à demi par les plus courageux de nos concitoyens, glorifiée par tous les peuples amis ou rivaux, l'aviation n'intéresse que les élites, et gratuitement les masses. Les indifférents oubliaient. Les « badauds en avaient soupé », comme ils disent. Quant aux industriels l'affaire leur semblait encore trop aléatoire. Il ne faut pas demander aux négociants de France une semblable audace. Défiant, avare et méticuleux, jalousement individualiste, donc ennemi de l'association qui multiplie les forces et distribue les risques, notre entrepreneur attend. Aux hommes de talent et de caractère qui réagissent, les sourires malins du sceptique insultent. Lui ne tentera qu'à l'heure où, d'autres ayant réussi, son imitation fera une piètre concurrence sur les marchés acquis par les voisins d'Outre-Rhin. Déjà ceux-ci possédaient vingt dirigeables éprouvés, munis de tout. A peine pouvions-nous en faire planer six dans le même temps, si maintes chances nous secondaient. Elites et foules refusaient leur obole également. Le ministre de la guerre lui-même s'en souciait peu. Il fit aux délégations, sur ce point, les réponses les plus vagues. On ne persuadait même pas nos riches de consacrer à ce sport une part des sommes qu'absorbent les écuries de courses.

Tout à coup le triomphe des aviateurs au Circuit

de l'Est ressuscite le délire public. Et quel délire !
Et pourquoi ?

Voilà, certes, un fâcheux exemple d'inconstance nationale.

Par ailleurs, bien des familles se coudoyèrent à l'hôtel Drouot pour y voir, avant toute enchère, les meubles de Mme Steinheil qui liquidait sa situation de Parisienne éminente, si l'on peut dire ; un verdict ayant annulé l'apparence fâcheuse de sa notoriété. Beaucoup souhaitèrent contempler la couche où s'accomplit le drame du ligotage, et qu'entourèrent les trois assassins aux lévites, aux chapeaux ombreux, aux perruques rousses. Il y eut des amateurs pour se disputer la pendule que la complice arrêta, dans l'intention de corroborer un alibi. Néanmoins il importait que la dame pressât les commissaires-priseurs. Encore un peu de temps, et le badaud eût dédaigné même d'acquérir la ficelle à nœud de palefrenier, laquelle étrangla le portraitiste de M. Félix Faure.

Telle fut la clôture de ces débats romanesques.

Peut-être ne semblera-t-il point oiseux de ressusciter, pour notre éducation, la série des émois que subit la foule depuis le début de cette énigme.

Tout d'abord, et parce qu'il frappait des personnes aisées en apparence, ce crime impressionna.

Chez les plus pauvres même, il y a redoublement d'intérêt, voire de compassion en faveur des victimes, si elles appartiennent aux classes bourgeoises. En un quartier de travailleurs manuels, le meurtre d'un ouvrier ne désole que ses proches, ses camarades très intimes. Au-delà de sa rue et de ses cabarets habituels, cet assassinat ne navre personne plus d'une heure. Les prolétaires ne s'apitoient point extrêmement sur le sort de leurs compagnons. Des époques anciennes il persiste, chez la plèbe, une espèce de résignation à son état, et à la médiocrité de ses valeurs individuelles. Les journalistes, les policiers connaissent tellement cette apathie que, très rarement, ils exposent en vedette un assassinat supprimant le malheureux ou la malheureuse du faubourg. Quand par hasard, on essaye, cela ne « rend pas », comme dit le secrétaire de la rédaction. On a beau représenter le cadavre baigné dans son sang, reproduire les vues de la chambre, de la maison, les photographies du mort n'enfièvrent pas les lecteurs du journal populaire. Il faut que l'attentat soit très spécial, comme dans l'affaire Soleilland, ou que le cadavre coupé en morceaux soit découvert dans une malle. Alors seulement l'énigme attise les curiosités du peuple. Il espère le mot de la charade tragique. Chacun devine, prophétise. Il suffit aux gazetiers de graduer avec un peu de science l'importance des recherches successives, et de leurs résultats. Ce sont là pourtant des cas très rares. A l'ordinaire on relègue dans les Faits-divers le récit des meurtres qui sacrifièrent des paysans ou des ouvriers. Leurs pairs n'en veulent savoir que le moins.

Au contraire, dès qu'un bourgeois succombe sous les coups des scélérats, la multitude s'effare. Que ce personnage cossu, pour la protection duquel les lois furent inventées, les gendarmeries constituées, les juges multipliés, que cet homme parfaitement défendu périsse : l'antithèse exalte les plus faméliques des chiffonniers. Non que cela les réjouisse comme une sorte de vengeance sociale accomplie par un destin juste et capable de frapper aussi les heureux du monde. Evidemment quelques agitateurs de cabaret interprètent ainsi le fait devant l'approbation des camarades ; mais ce n'est pas le sentiment public.

Une pensée autrement profonde, atavique et puissante inspire la tristesse dans toutes les casernes de briques où la mère ravaude et prépare la soupe, où l'artisan découpe, polit, colle et ponce ; dans toutes les cours où jasent les commères au retour du lavoir, où la marmaille grouille et s'écharpe, où la portière commente les actes, les juge, et prononce des sentences contre les querelleurs, les ivrognes, les sales, les impudiques. Parmi ces milieux tout à coup ressuscite un sentiment fort ancien. Le prolétariat se retrouve conscient de la valeur sociale que détient la bourgeoisie organisatrice ; et il s'atterre. Cette tuerie, il la déplore plus que si elle avait anéanti des pauvres diables ; car elle supprime des forces plus rares, plus indispensables. Parmi l'obscur des âmes plébéiennes, il apparaît confusément qu'une diminution importante s'est produite dans le total des valeurs solidaires. Ces infortunés qu'affectent à peine les disparitions quotidiennes de voisins supprimés par les rôdeurs après un simulacre de discussion nocturne, ces infortunés se lamentent infiniment sur la fin d'un M. Steinheil, d'une Mme Japy. La perte du bourgeois bouleverse, pour des raisons antiques, et à son insu, la piqueuse de bottines.

C'est là véritablement un réflexe du corps social.

Lésé dans un organe principal, il réagit avec une intensité proportionnelle.

Les commérages indéfinis des villes, des faubourgs et des provinces expriment cette défense physiologique.

Sur ce premier sentiment unanime et inconscient se greffent maintes déductions prudentes. Le défaut de sécurité, trop évident chez les riches même, effraye davantage les pauvres. Ils mesurent leurs faiblesses, une fois encore. Sans domestiques, sans portes savamment closes, comment se protéger ? La haine du meurtrier envahit les esprits craintifs. Pourquoi les économies du vieux portemonnaie, la chaîne d'or et le livret d'épargne ne tenteraient-ils pas les malandrins ? On a bien tué le voisin un peu gris, le soir de sa paye pour quarante-six francs sur le boulevard extérieur ! Chacun redoute l'ennemi caché dans la ténèbre du drame actuel. Les nerveux se retournent vivement s'ils entendent monter, derrière eux, l'escalier. La nuit venue il faut à la ménagère quelque vaillance pour descendre, aller quérir le bouillon, revenir par l'avenue déserte, et le long du mur interminable qui borne les chantiers de l'usine à gaz. D'invisibles présences guettent au coin des rues. L'épouvante menace dans l'ombre.

Ce mystère et ses suggestions prennent, le lendemain, plus d'importance lorsque la piste des scélérats n'est pas relevée. A l'atelier, les imaginations des filles travaillent. Elles demandent aux journaux des hypothèses plausibles. Certains vocables aggravent, par des suggestions, le malaise. Ainsi les deux mots : « Impasse Ronsin ». Le substantif « Impasse » évoque un malheureux acculé par ses ennemis au fond d'une voie sombre, sinistre, entre des façades aveugles. Tant de fois les feuilletons décrivirent cette sorte de sites comme des lieux de crime. Les maisons des « culs de sac » cachent des existences sordides, infâmes et secrètes. Donc le seul mot « Impasse » prêta, tout de suite, à l'assassinat de Steinheil, le masque ordinaire du terrifiant. En outre, il fut question de bandits déguisés, de chapeaux à larges bords, de perruques, de fausses barbes, de lévites. Ce dernier vêtement, aussitôt, et en notre crise actuelle d'anticléricalisme, évoque les machinations des prêtres, des « jésuites » tels que la littérature radicale et populaire les calomnie. Ronsin c'est presque Rodin, le personnage d'Eugène Sue qui trame la perte des bonnes gens avec le secours de la secte organisée par Ignace de Loyola, compatriote de Torquemada. Pas de petit boutiquier, d'ouvrière qui n'ait lu, dans un périodique illustré, quelques chapitres du roman célèbre et, d'ailleurs, assez beau. Les éditeurs anticléricaux ont répandu à profusion « Le Juif Errant » sous toutes les formes de feuilletons, brochures, fascicules au rabais. « Impasse Ronsin ! » Quelle source abondante en associations d'idées tragiques, atroces. Ajoutez à cela que le quartier de Vaugirard n'est point entre les plus limpides, et que le décor réel double, avec une certaine exactitude, le décor imaginaire.

Paraissent les images des victimes, entre des renseignements prolixes. Voici une jeune dame élégante qui tient embrassée une fillette gracieuse. Effigies sympathiques très analogues aux tableaux touchants des chromolithographies. Cette fine personne fut donc garrotée par les bandits. Et quels bandits ? On ne sait pas. L'épaisseur du mystère les dérobe. La dame était une mondaine, annoncent les reporters. Elle brillait dans les salons politiques. Que de mérites difficiles ne convient-il pas d'avoir en ce cas ? C'est vraiment une créature d'élection. Tous l'adoraient. Elle eut des amours, comme une héroïne des chansons, de théâtre, de roman. Belle, malheureuse, amante et mère, la voilà transfigurée par les désirs des jouvenceaux, la pitié des sensibles, l'indulgence des amoureux, l'affection instructive des mamans. La luxure, la compassion, la sentimentalité, la maternité, principaux mobiles de la vie latine, sont en éveil dans les cœurs de la foule que le mystère attire en outre.

La bourgeoisie n'est pas moins secouée, dans ce qu'elle contient, en soi, de semblable aux instincts populaires. Un artiste vient de périr, sous la main des cambrioleurs. Un artiste, un de ces hommes qui vivent gaiement avec des modèles, femmes, filles nues, entre des panoplies luxueuses, des portières d'étoffes magnifiques, des divans profonds et voluptueux, des peaux d'ours et de lions. Comment : cette sorte d'êtres privilégiés n'échappe point à la vulgarité de l'assassinat ! De ces indépendants aux brigands pourquoi n'est-il pas un lien tacite, une confraternité ? Le monsieur sage, père de famille, qui s'est interdit depuis trente ans, toute frasque afin de donner à ses enfants l'exemple, afin d'obtenir le respect de ses semblables et la confiance de ses chefs, ce monsieur envia toujours l'heureux irrégulier qu'on nomme « un peintre ». Cela représente un gaillard qui se moque de la morale, qui ne redoute pas l'opinion du concierge, ni la sévérité vertueuse d'une épouse, ni les cancans du bureau. Leur curiosité s'exaspère. Certainement l'instruction, le procès révéleront d'étranges orgies, d'invraisemblables farces. Plus timidement, et avec moins de précision, Madame espère aussi des détails.

Dans les milieux politiques, c'est une commotion générale. L'intimité de Mme Steinheil et d'un personnage historique, jusqu'alors, était demeurée douteuse, hors d'un cercle restreint. Allait-elle être connue de tous ? Cette appréhension rendit bavards les plus discrets. En deux jours, le Tout

Paris qui les ignorait ou qui les avait oubliées clabauda sur les circonstances particulières à la mort du Président. Autour des tables, solennellement servies, dans les salles à manger comme dans les restaurants, les convives échangèrent leurs versions. Certains assuraient que le décès de 1899 eut lieu Impasse Ronsin, et qu'on ramena le cadavre protocolaire dans un fiacre, à l'Elysée. Des sphères politiques la confidence se répand. Elle capture toutes les attentions. Que l'on hume le thé à cinq heures en visite, ou que l'on paraisse en frac sous les lustres du raout, il n'est point d'autre propos qui vous accueille. C'est partout une extrême avidité de savoir, par le menu, ce que les historiens futurs reconstitueront avec méthode, au moyen des documents et témoignages, selon une savante critique des textes. Sur les journaux on mesure les traits de celle qui joua le rôle de séductrice près d'un vieillard illustre, et qui figurera dans les gravures des « Mémoires ».

Pour la foule, mystère de feuilleton. Pour la bourgeoisie, mystère des vies artistiques et indépendantes. Pour l'élite mondaine, mystère d'une vie historique. L'affaire Steinheil fut un sphinx à trois visages et qui tenta les Œdipes de toutes les classes.

Or l'extrême émotion des premiers jours s'évanouit dès que le valet de chambre Renard fut accusé du meurtre sur la personne de son maître. Immédiatement toutes les faces du public se retournent. L'affection du domestique pour le neveu du banquier, leur intimité saugrenue qu'une intervention véhémente de Mme Rémy dénonça, le renvoi de Renard, sa dispute consécutive avec le banquier au cours de laquelle le laquais Courtois s'arme et tue, apparemment guidé par son chef d'office : ce furent les phases d'une autre aventure bien faite pour distraire la curiosité du public. En quarante-huit heures l'impasse Ronsin fut oubliée de presque tous. De nouveau un riche était la victime. Du scandale se découvrait à demi. Le mystère du mobile qui décida Renard et Courtois au crime était fertile en suggestions diverses. Quiconque emploie des valets connut la peur de mourir par une main de service... Et ce fut le sujet de conversations passionnantes pour les gens qui dînent en habit et en décolleté devant les fleurs des surtouts.

Cette seconde folie évinça la première. On s'habitua vite à penser que les assassins de M. Steinheil et de Mme Japy ne seraient pas rejoints. La foule inconstante bayait à d'autres corneilles. Mme Steinheil alla respirer l'air marin de Normandie, comme son juge d'instruction, M. Leydet.

Toutefois, le souvenir du décès historique continua de hanter la cervelle des journalistes. Les énergumènes d'un parti recommencèrent à qualifier de meurtre la fin soudaine du Président Faure. Les malins et les naïfs n'admirent plus que cette mort fût advenue naturellement, au cours de l'Affaire, et à l'heure où, disaient-ils, le premier magistrat de la République inclinait à l'action contre les gauches. Ce groupe de machiavels grossit peu à peu. Il devint une foule.

Mme Steinheil ne se doutait pas qu'elle allait, grâce à ces politiciens, connaître les ennuis de la prison, les affres d'un long procès au criminel. Cependant les reporters en peine de briller par leurs talents furent relancer la survivante de l'impasse Ronsin. Ils la flattèrent. Ils la circonvinrent. Ils lui firent peur. Ils essayèrent, par mille moyens adroits, de lui tirer une parole qui directement ou non attribuât le cambriolage de l'impasse à des francs-maçons désireux de reprendre, dans les tiroirs du peintre, les preuves du complot jadis dirigé contre le chef de l'Etat, au moment décisif de nos luttes sociales. En effet, un journal d'opposition très franche, l'*Echo de Paris*, publia la lettre de Mme Steinheil rouvrant le débat.

Dès octobre 1908 les habitués des réunions publiques attendaient d'elle une accusation qui compromettrait les gens au pouvoir dans l'aventure galante et macabre de 1899.

Le fait, d'ailleurs certain, que trois lévites appartenant au costumier du Théâtre Hébreu lui furent dérobées la veille du cambriolage, excita les facultés justicières des antisémites. Dans les cafés, dans les salons, dans les bureaux, dans les rédactions, toutes les hypothèses des militants attribuèrent au fameux « syndicat » de l'Affaire le meurtre du Président par la volupté de Mme Steinheil, ensuite celui de son mari, de sa mère, ainsi que le cambriolage des documents témoins. On alla partout affirmant que le malheureux peintre avait reçu, peu d'heures avant la tragédie deux cartes-télégrammes, ultimata probables. N'avait-il pas recommandé au domestique de taire cet incident devant l'amie de l'illustre défunt.

Les passions politiques affolent la plupart des gens qui ne savent commander un peu de scepticisme à leur imagination. Quiconque tenta les chances d'une élection sait quels fous singuliers d'abord on rencontre dans les groupes favorables comme dans les groupes adversaires. De très bonne foi notre comité impute aux contradicteurs les pires vices, d'invraisemblables vols et ignominies. Vous-même êtes violemment calomnié sans aucun souci de vérité approximative. Et ces inventions trouvent crédit auprès de toute une population saine et raisonnable d'ordinaire. Avocats, bijoutiers ou balayeurs accueillent, avec la même naïveté, les absurdes contes qui vilipendent les candidats. On est stupéfait devant les regards de haine féroce et sincère que vous adressent des bonshommes hallucinés par les propos de la taverne. Evidemment ils vous tueraient, en pensant délivrer la patrie du traître, la liberté du tyran, et cela avec l'esprit mystique des martyrs. Concevez cet esprit commun à des groupements de joueurs et de buveurs dans les cafés, partout épars. Représentez-vous dans les bureaux, les commis qui embrassent une foi politique, par opposition aux tracasseries du chef, du patron. Songez que, par ces haines sociales, chacun donne issue aux rancœurs accumulées en soi avec les déboires de la vie. Mesurez que chacun s'estime intelligent, loyal, vertueux, ponctuel et destiné à toutes les récompenses, si d'effroyables injustices ne lui déniaient ses mérites. Injustices évidemment tolérées, exploitées par la clientèle des hommes au pouvoir. Comptez le nombre de gaillards ambitieux, de vieillards déçus qui souffrent, et crient leur souffrance avec les vocables des partis, dans toute notre France latine, divisée, enthousiaste, éloquente. Supputez ce besoin d'apostolat qui fit courir nos aïeux de la Révolution à travers l'Europe pour planter le drapeau de la Liberté jacobine entre Jemmapes et Moscou, sur toutes les capitales. Et vous comprendrez aussitôt pourquoi la foule politique aida de toutes ses forces à la reprise de l'instruction délaissée par l'indulgence de M. Leydet. Les journalistes confessèrent Mme Steinheil, s'installèrent dans la cuisine de la bonne, dictèrent des lettres et des aveux, payèrent des confidences. On se rua sur les gazettes.

Il est suggestif de les relire à quelques années de distance. Le journaliste servant à la foule l'opinion qu'elle désire et non la vérité stricte, nous pouvons analyser le goût des acheteurs d'après les marchandises des vendeurs. Aux partis de gauche on livre les faits nus de l'instruction ; on leur dénigre toute billevesée hypothétique ; on leur expose nettement les sottes idées de la veuve ; on affecte de leur étaler l'incohérence et la misère qui, par avance, entacheraient toute dénonciation politique. Devant les lecteurs de l'opposition le marchand de nouvelles déploie l'article contraire ; il y fait luire des reflets ; il y met au jour les insinuations flatteuses pour la manie de ceux qui s'entichent du complot. Par deux ou trois feuilles téméraires, tout, vers décembre, est dévoilé : les banquiers israélites ont fait mourir Félix Faure par l'entremise inconsciente et bien suggérée de son amie, dans l'heure même où un message présidentiel se fût opposé au vote de la Chambre commandant la révision du procès Dreyfus ; et les mêmes influences ont revêtu de lévites les cambrioleurs qui récupérèrent les preuves matérielles de l'attentat.

Après sa crise de compassion première, après son désespoir atavique devant la disparition d'une valeur sociale, après sa phase de sympathie ardente dans les cœurs voluptuaires, maternels et sentimentaux, après sa curiosité du mystère dramatique, la foule subit le délire politique.

Délire assez fort pour que les magistrats pensent devoir arrêter l'héroïne empêtrée dans ses bêtises et que les joailliers convainquent de mensonge. Si elle ment à ce point, et à tant de reprises, la culpabilité s'avère. Au lendemain du jour où la perle introduite dans le calepin du jeune valet fut reconnue comme l'objet d'une machination, la foule a perdu toute sympathie pour la veuve. C'est une coquine, et qui, elle-même, assassina. Les politiques de gauche la condamnent. Les politiques d'opposition la méprisent. Le fils de la bonne, le palefrenier Alexandre Wolff arrêté, puis relâché sur alibi, déçoit une fois de plus les curiosités. On se lasserait, si les familiers du Vert Logis n'intéressaient pas leurs figures successives comme intéressent les personnages d'une comédie.

Tout à coup, M. Borderel, qui se plaint, révolte la galanterie furieuse des sentiments. Et cette indignation réveille la sympathie en sommeil dans les âmes. Ces amants qui défilent sans louer avec lyrisme la dame de leurs plaisirs, ces amants répugnent à la singulière délicatesse de la foule. Elle tient à plus d'hypocrisie. L'influence des femmes enjoint une réprobation unanime. Mme Steinheil recouvre son prestige de grande amoureuse méconnue.

Puis on oublie.

Les saisons passent. Aucune piste nouvelle n'est suivie rigoureusement. Le peuple soupçonne. Y a-t-il négociations, comme le prétendent les politiques, entre la défense et le pouvoir, pour que rien ne soit, aux assises, révélé des choses anciennes ? Le sens du mystère s'accroît dans les âmes. La majorité n'ajoute aucune foi aux suggestions des politiques ; mais elle tire de leurs hypothèses le nécessaire pour grandir le prestige de l'amoureuse. C'est « la favorite » d'opéra, séduisante et perverse, entourée de sombres intrigues. Masques et poignards. Bouquet de roses et coupe de poison. Devant les photographies amplifiées dans la vitrine d'un journal, les badauds considèrent cette petite dame brune et courtaude en toilette de soir. Nulle conviction précise ne s'impose aux passants.

A la veille du procès, tous les sentiments de la foule se réveillent. Ils se confrontent autour des bocks, des registres et des machines à coudre. Mme Steinheil est devenue le sphinx. Comment va-t-elle résoudre l'énigme ? On attend un éclat. Il faut une solution. Le mystère doit être éclairci. C'est une fièvre de spectateurs au théâtre.

Voici l'entrée en scène de l'héroïne. Aux premières questions de l'interrogatoire, cette personne qu'avaient si mal servie la niaiserie de ses mensonges et leur contradiction, fait subitement figure. Par des répliques osées, opportunes et décisives, elle embarrasse le président. Elle le met, à plusieurs reprises, dans son tort. Elle s'indigne. Elle bafoue l'accusation qui dévoile les petites misères de l'enfant, les imprudences de la fillette, les faiblesses de l'adolescence. Elle a réponse à tout. Elle parle bien. Le profil se dresse impérieux. La bouche blanche exprime des colères. Avouant ses amours, et même leur vénalité, la dame le prend de haut. Elle exige des juges toute la galanterie, toute la délicatesse et tous les respects. Il faut que les magistrats pratiquent cette courtoisie sans quoi l'auditoire murmure, et la presse s'apitoie. Que la prévenue confesse ses tromperies, ses débauches et ses gains secrets, cela vraiment la divinise dans l'esprit des hommes entassés dans le prétoire, et des femmes pressées audelà, dans le box du public. L'invraisemblance des raisons que Mme Steinheil explique ne lui peut nuire. La majorité de l'assistance approuve qu'elle se soit vendue.

Et cette immoralité ne dégoûte personne. Au contraire. C'est stupéfiant.

A vrai dire, il n'était point de preuves matérielles que l'on pût commenter de manière à établir, en toute évidence, l'introduction des assassins dans la demeure des victimes par la complicité de cette mauvaise épouse. La série des mensonges, celle des manœuvres pour donner le change sur le mobile de l'assassinat, comme la transformation des bijoux prétendûment volés, certes eussent suffi pour justifier l'envoi au bagne d'une pauvre servante tombée dans un si mauvais cas.

L'opinion ne traite pas de même une paysanne et une amie de ministre.

Durant les débats, nul, dans la salle des assises, n'admettait l'innocence ; mais nul n'admettait non plus la valeur des charges morales. Presque tous les avocats présents tenaient Mme Steinheil pour, complice : mais une complice indemne si les coupables n'étaient pas amenés convaincus là. A l'insolence de ses façons, la prévenue dut cette indulgence des esprits les plus sévères.

Sous le chapeau de crêpe noir aux voiles élégants, le visage un peu flétri par la quarantaine et les angoisses de la prison gardait un masque de douleur assez noble. De profil, d'ailleurs, la figure semble fine, aquiline, nettement linéaire. La face hexagone est vulgaire, malgré les yeux noirs et ardents, le turban de cheveux sombres. De la beauté séductrice peu de chose subsiste. Il y a le cou, un cou de statue, lisse, poli, robuste, blanc et qui absorbe toute la lumière des grandes fenêtres. Complètement libre dans un corsage ouvert en carré, il rappelle ce que fut la fraîcheur mate de cette tête à l'époque de la jeunesse. Le buste est quelconque, sans vie apparente, au moins, derrière cette pente de crêpon noir. La taille est étroitement sanglée. Les hanches s'arrondissent trop. On devine les jambes brèves. Au demeurant, une petite brune courte et potelée, avec des yeux de passion, des joues mûres. Le physique n'inspire guère. Il n'attire pas nécessairement. La coquetterie des gestes, de la voix, des manières a dû séduire. Le vice a su garder. Cantatrice Mme Steinheil avait ce prestige d'émouvoir par les vibrations communicatives de son être. Entêtée, coléreuse, opiniâtre et robuste, elle sut apparemment mener les gens faibles et sentimentaux. Tel ce pauvre M. Borderel, chauve, grand, le nez mou, et la mine piteuse, qui garde à la main des gants trop neufs, achetés récemment au Louvre, pour la circonstance, et qu'il agite pendant la récitation de son témoignage.

Voilà l'héroïne. Rien de la belle créature triomphante parmi les luxes des aristocraties. Plutôt une adultère de sous-préfecture lointaine, et capable d'affoler, faute de rivales, les commis de l'Enregistrement.

Pour suivante, Mariette Wolff. Type « femme de ménage » dans son expression comique de vieille paysanne ridée, couturée, sans lèvres, sans cheveux, et recuite par les feux du fourneau ; mais une bouche terrible. Et un caractère. Solide, droite dans sa casaque, elle hoche la tête avec la guipure noire et le nœud de soie qui la coiffent, pour nier tout des questions dangereuses. On devine que Mariette sait le réel de la tragédie ; mais ne dira rien. Avec une énergie têtue, la mégère refuse. Peu lui importèrent les erreurs évidentes de ses négations. Personne ne lui en impose, ni la face noble, altière, impatiente du président, ni l'aspect de ce prétoire, ni cette assemblée d'avocats en robes, ni ce groupe de vingt témoins prêts à démentir, ni cette centaine de journalistes adroits et méfiants qui lorgnent, dessinent, admirent. Là où s'embrouillerait un diplomate machiavélique, là où s'intimiderait un aventurier audacieux, Mariette Wolff ne bronche point. Elle ne redoute pas les sanctions de la justice. Qu'on ne l'ait pas arrêtée, séance tenante, pour faux témoignage, c'est une des choses extraordinaires entre celles du procès. Il semblait que les magistrats eussent peur d'une riposte. A supposer que la version des politiques repose sur du possible, cette arrogance de Mariette Wolff l'attesta. D'ailleurs Mme Steinheil ne parut pas une seconde craindre les incidents de la déposition. Elle écoutait à l'aise, sa suivante et confidente. Cette grande paysanne gourde, aux gants de fil noir, ne pouvait-elle lâcher une maladresse, contredire bêtement la thèse de la défense. L'appréhension ne parut pas gêner une seconde Mme Steinheil soigneuse de soi, dans sa stalle, et sûre de la fin. De même quand le fils de la servante, Alexandre Wolff, s'avança vers la barre, en balançant sa marche de beau palefrenier aux cheveux d'or, à la moustache en crocs, au teint frais, et aux épaules de mâle. Nulle crainte alors ne flétrit comme à d'autres moments le visage de l'héroïne. Ce gaillard fut d'ailleurs à peine interrogé. On expédia prestement son récit. On ne lui demanda même pas de renseignements sur le nœud très spécial dit de « palefrenier » qui terminait la ficelle ayant étranglé le peintre. Tranquilles, la mère et le fils s'assirent au banc des témoins. Ils se rapprochèrent. Ils chuchotaient. Leurs flancs s'accotaient. Leurs tiédeurs se pénétrèrent. Une affection profonde unit visiblement ces deux corps d'une même chair, d'une âme indéfectible.

A la duègne confidente, à son fils « Tête d'Or » joignons le page. Rémy Couillard est un adolescent madré, corps délicat, œil oblique dans une figure pointue. Ces gens avec une amie coiffée à la « Femme Inconnue », forment le cortège de cette petite dame. Pour l'amour d'elle un acteur vint se déclarer assassin, coupable de tout, à la seconde audience, symbolisant ainsi les étranges sympathies de la rue. Du haut de sa stalle, à la droite d'un agréable guerrier, l'héroïne en deuil dirige les débats, blâme, excuse, pardonne, distribue à ses amants témoins le mépris sec de ses regards. Elle est sûre de la foule qui l'aime.

L'opinion des peuples suivait. Chevaleresques, les journaux yankees prirent la défense de l'accusée. Par câblogramme, ils infligèrent des semonces au président de Valles. Bien plus, ils mirent la France en demeure de changer son code et ses façons de justice, parce que cette adultère vénale, et qui l'avoue, fut soigneusement interrogée sur un crime dont elle soupçonne certainement, ou connaît sans doute, les auteurs protégés par son silence. Le monde entier se levait en sa faveur. Les correspondants parisiens de la « Prensa » envoyèrent, par jour, à Buenos-Ayres huit mille francs de télégrammes sous-marins ; tant la farceuse émouvait les âmes argentines.

Or la dame ne dissimula rien de ses vices ni de ses profits. Elle invectiva, de sa place, contre les amis qui ne lui donnèrent pas le plus. Et le président d'approuver. Même il fut sévère pour le comte de B..., beau garçon, qui, pauvre et demeurant au sixième, n'avait point fait de largesses, aux mains de Mariette Wolff, en faveur de la personne raccolée dans le Métropolitain. M. Borderel ne fut guère mieux traité par la Cour. Sept mille francs pour six visites ! Peuh, la belle affaire ! Quelle ladrerie, monsieur !

Il y a vingt ans, les familles bourgeoises, paysannes et ouvrières, eussent tenu cette femme pour une fieffée coquine. La presse et les foules eussent soutenu cette opinion. Aujourd'hui, de toute cette affaire, quatre ou cinq messieurs, tentés par cette sirène courtaude, sortent à demi déconsidérés, outre le mari qu'on étrangla. Mme Steinheil reçoit, sur le sol anglais, l'accueil respectueux du *Times* et de la Cité puritaine. Décidément les amours lucratives ont conquis le droit à la vénération du monde. C'est un négoce comme un autre et qui mérite protection.

Alors pourquoi s'opposer à la traite des blanches, et traquer les sirènes du Trottoir ?

Telle semble la morale de l'histoire de Steinheil.

C'est aussi la morale présente des foules.

La nuit du verdict, elles déléguèrent leurs fanatiques sur la vieille place Dauphine. Ils attendirent devant les escaliers monumentaux, devant la façade du palais rigoureusement close dans le rectangle de ses grilles. Jusqu'à deux heures du matin on n'aperçut que les clartés intérieures des hautes baies éclairant le vestibule qui précède les degrés, l'étage de la salle des assises. Aux piétons emmitouflés, étudiants, commis, boutiquiers sous casquettes, rapins sous feutres et pèlerines, se mêlèrent, peu à peu, des convives en habit et cravate blanche, qu'après dîner les automobiles amenèrent. Cette petite place angulaire, ces maisonnettes construites au temps du roi Henri ou à l'époque des Encyclopédistes, avaient rarement vu, par les yeux de leurs habitants successifs, une semblable impatience en quelques centaines de têtes massées dans la pénombre des terre-pleins.

Il y avait des politiciens anxieux de savoir si la sentence allait, tout à l'heure approuver les hypothèses de leurs haines polémistes.

Il y avait une jeunesse, esprit frondeur de la France, qui d'instinct, tenait pour l'accusée contre les juges, contre la Loi, contre le Pouvoir, puisqu'aucune preuve vraiment matérielle n'avait pu, durant toute une semaine, être invoquée. Cette sorte d'âme généreuse et rebelle se plaît avec enthousiasme à railler la magistrature impuissante, à saluer les prévenus indemnes.

Les amateurs de drames attendaient aussi le dénouement ou la suite au prochain numéro.

Quelle que fût l'opinion de chacun, un acquittement laissait le mystère intact ; une condamnation, au contraire, éclairait, finissait tout.

Les sentimentaux souhaitaient le pardon pour « celle qui avait tant aimé et qu'on avait tant aimée ».

Les familiaux songeaient à la fille qu'un verdict de culpabilité rendrait orpheline et solitaire.

Depuis l'avant-veille, les journalistes auscultaient ces diverses émotions de la foule. Dans leurs comptes rendus, dans leurs chroniques, la plupart inclinaient ou se déclaraient en faveur de la veuve. L'une des principales gazettes, au tirage formidable, avait paru, le matin, avec l'en-tête : « Mme Steinheil est-elle coupable ? » En quatre colonnes denses, tous les doutes étaient offerts, toutes les preuves amoindries, effacées, atténuées. Les feuilles réactionnaires elles-mêmes avaient omis leurs paragraphes allusoires dénonçant un pacte entre l'accusation et la défense avec promesse de faciliter l'acquittement si rien n'était révélé du mystère politique enfoui dans les tiroirs de la victime.

Les gens du monde louaient l'énergie de Mme Steinheil pour se débattre au milieu de ses mensonges et de ses péchés. N'est-ce pas un art ? Il y avait là ses admirateurs, cravate blanche et pelisse, ses admiratrices, cheveux dorés et manteaux de zibeline, qui, descendus de leurs automobiles, arpentaient la place devant la façade du mystère.

Quand un cycliste emportait du palais la copie des reporters, mille questions l'assaillaient. Vers celui qui cria la nouvelle il y eut une ruée de toutes les silhouettes agiles. Un moment d'hésitation... ; puis l'enthousiasme jaillit de toutes les bouches : « Acquittée ! » proclamèrent cent visages hagards de coureurs galopant vers les quais, la ville. A peine quelques jurons furent-ils émis, de-ci de-là contre une magistrature trop docile aux ministres, et qui cachait encore une fois « la lumière sous le boisseau ». Mais l'énorme majorité, soudain, délira comme si la Lorraine était reconquise par une grande victoire de nos troupes. Je vis un petit homme blond bondir trois fois sur place, et brandir son chapeau, pendant qu'il m'avertissait de ce bonheur national. Aux boulevards, une multitude compacte attendait, sous le transparent du *Matin*, le résultat. Le nombre des patients dépassait de beaucoup celui visible les soirs d'élections, quand se joue le destin de la République.

Ces milliers de têtes pressées, les yeux en l'air, attendaient avec une émotion de patriotes exaltés par l'annonce d'une bataille décisive.

Absurde et stupéfiant spectacle.

Les foules de France n'ont-elles d'enthousiasme que pour souhaiter aux femmes galantes l'impunité de leurs fautes ?

En leur faveur, l'âme de la nation sentimentale vibrait intensément, ce soir-là.

XVII

L'INTELLIGENCE

ET LA COMPARAISON

La coutume d'écrire des parallèles a disparu. Ne convient-il pas de la déplorer ? En rhétorique, nous avons, à plusieurs reprises confronté l'œuvre d'Alexandre et celle de César, l'esthétique de Lessing et celle de Boileau, quelques autres manifestations de la mentalité européenne. Accompli par des adolescents trop naïfs et pour des maîtres imbus de tous les préjugés universitaires, cet exercice ne pouvait guère résoudre de problèmes supérieurs. Au contraire, si des littérateurs, si des historiens formés s'obligent à poursuivre une tâche analogue, il en résultera, pour l'ensemble de nos croyances, un inestimable bienfait.

J'ouvre toujours nos revues dans l'espoir que tel essayiste adroit aura tenté la rénovation du genre. *La Phalange, Vers et Proses, Pan, Le Feu, Les Rubriques nouvelles, La Nouvelle Revue Française, Le Divan*, expriment les conceptions d'élites fort capables d'aborder et de réaliser avec maîtrise cette sorte de labeur. Au lieu de scander en vers heureux des émotions sentimentales, pourquoi ne point étudier, par exemple, les âmes des trois nations française, anglaise et russe, selon les synthèses que « Balzac », « Dickens », « Tolstoï » établirent dans leurs livres ? Entre les conceptions de Montaigne et celles de Goethe, un parallèle sérieux marquerait les rapports, les dissemblances des pensées latines et germaniques. A cette heure où s'accentue la lutte de leurs influences, le contemporain tirerait d'une semblable évocation cent motifs de se déterminer pour la résistance ou l'accueil.

Les foules reçoivent leurs fois des apôtres qui en exagèrent les vertus et nient absolument les objections ; mais une élite obtient son idéal de ceux qui lui démontrent très loyalement toutes les forces rivales comparées aux vigueurs préférables pour notre goût. Nos théories quelque peu fragiles s'affermiront quand la mode ressuscitera de ces parallèles.

Le débat des Anciens et des Modernes recommence. Les générations nouvelles affectent volontiers le doute devant les œuvres du XIX⁰ siècle, et la piété devant celles des époques antérieures, l'encyclopédique et la classique. Un parallèle équitablement construit entre Saint-Simon et Zola nous révèlerait des arguments précis.

Par ailleurs, et en ce qui touche la controverse sur les styles, question jamais résolue, comme il serait instructif de mettre en présence les morceaux écrits par Racine, Bernardin de Saint-Pierre, Hugo, Michelet, Zola sur le thème de la Mer. Le « Récit de Théramène » et la « Joie de Vivre » contiennent des beautés insignes, pour distantes que paraissent les deux esthétiques. Fructueuse leçon, celle où l'on démontrerait par quelles méthodes ces deux poètes réussirent à nous représenter la vie de l'Elément. Joignez la Tempête de « Graziella », le « Bateau Ivre » d'Arthur Raimbaud, le merveilleux retour d'Amilcar dans le port de cette Carthage où l'attend « Salammbô », quelques fragments aussi empruntés aux poèmes les plus célèbres. Alors, ayant analysé les moyens et les résultats, pour ces types divers de littérature, l'essayiste saura définir plusieurs règles de style. Il est, au propre, et uniquement : « le pouvoir d'évoquer ».

De la comparaison qui différencie le meilleur et le pire, toute l'intelligence procède. L'enfant reçoit à l'école, au collège, et l'adolescent, dans une faculté, les termes nombreux de comparaison que lui fournissent l'histoire, les sciences, les poèmes. L'instruction prodigue ainsi les moyens de gagner une intelligence, chaque jour exercée par l'apparition d'idées multiples et voisines. Cela ne suffit point. Il est même évident que les plus savants ne semblent pas toujours les plus intelligents. L'agrégé peut n'être pas créateur ? Toutefois, Platon, Montaigne, Shakespeare et Goethe, types d'intelligents plutôt que types de savants, doivent à l'ensemble de leurs connaissances cette facilité de synthèse qu'on nomme le génie. Au XIXe siècle, Lamarck, Hugo, Spencer, Taine, Flaubert, Nietzsche, Tolstoï, Berthelot, prouvèrent cette même facilité de synthèse. Spencer et Berthelot ne furent pas seulement des spécialistes de la science comme le naturaliste Darwin ou le physiologiste Pasteur. Au rebours de ceux-ci vaillamment opiniâtres dans une série limitée d'analyses, ceux-là firent de leur pensée, en certains moments, un centre de conceptions que l'on peut dire universelles.

On reproche à l'Enseignement de n'avoir pas tenu ses promesses ? Témoin les stupides réponses des conscrits interrogés à la caserne sur les grands faits de l'histoire ; témoin les crimes absurdes commis par des lettrés, par cet avocat et ce poète russe que la banale Tarnowska fit sans peine voleur et assassin ; témoin ce docteur qui fut tué par l'astronome de Nice à la suite d'un procès perdu. L'instruction n'affermit pas toujours les caractères. Nul ne saurait contredire à cette assertion décevante. Néanmoins la plupart des gens qui composent nos élites latines prirent la coutume de l'héroïsme moral en se rappelant les Aristides, les Brutus, les Sénèques. Nos plus glorieuses ambitions, celles qui déterminent le prestige de la patrie, furent dictées aux lycéens par Homère, Virgile et Tacite. Que d'exploits, pendant la Révolution et l'Empire, réalisa l'idéal inspiré par la culture helléno-latine ! Idéal incorporé dans les statues, les tableaux, les meubles, les bijoux, comme dans les théories agraires de Gracchus Babœuf. Le parallèle historique, philosophique et littéraire a mené sur les champs de Wagram Paul-Louis Courier, sa batterie à cheval, puis, jusqu'aux rives de la Moskowa, en 1812, Napoléon Bonaparte commandant sa multitude européenne de Portugais, de Danois, d'Espagnols, de Polonais, de Hollandais, d'Italiens, de Teutons et de Français. C'étaient là des caractères, excellence de ces nations, un instant alliées par l'influence des élites à culture commune.

Faut-il conclure que, les termes de comparaison étant fournis en abondance à plusieurs générations successives dans les écoles, le plus grand nombre saura, de ces parallèles, obtenir l'intelligence ? Point. Mettez devant un manœuvre peu dégourdi les poutres, les moellons, les briques, le ciment, les rails, les ferrures et les tuiles. Il se peut qu'il ne parvienne à rien construire qui tienne debout.

Enlevez ces matériaux. Amenez un intuitif parfaitement doué sur la place des fondations. Malgré son génie naturel que pourra-t-il faire ?

A tout prendre, le manœuvre finira peut-être, s'il s'obstine, et après cent expériences ridicules, à bâtir une lourde masure de briques ; les primitifs en édifièrent ; mais l'œuvre complète et stable ne s'érigera que si l'intuitif et les manœuvres collaborent avec le secours de tous les matériaux, de toutes les sciences. Comme le manœuvre, le spécialiste pense et agit. Comme l'intuitif, la plupart des artistes imaginent, ébauchent, copient. Comme l'architecte muni de ses connaissances et secouru par ses ouvriers, l'homme apte à la synthèse peut seul créer le monument de ses idées nombreuses et durables.

Comparer beaucoup de ces idées, de ces monuments que nous léguèrent les siècles, c'est encore le sûr moyen d'accroître l'esprit. A condition que le parallèle ne soit pas entrepris dans l'intention puérile de décrier l'un des thèmes à l'avantage de l'autre. L'auteur se doit d'être impartial d'abord, et de ne choisir pour objets de son étude que des héros, des apôtres ou des poètes équivalents pour son admiration.

Tout ceci nous passionnera si, désireux d'apprendre comment la psychologie du scrupule s'est développée d'un siècle à l'autre, nous confrontons l' « Armance » de Stendhal et la « Porte Etroite » d'André Gide, dans un parallèle consciencieux.

XVIII

LA LUXURE
ET LA CHASTETÉ CRÉATRICES

Dans un village de Hongrie il y eut une panique nocturne. Un incendie lointain empourprait le ciel. Les paysans crurent à quelques manifestations initiales de la comète attendue. Epouvantés, ils quittèrent leurs couches et leurs maisons. Quelqu'un sonna le tocsin. Le curé se précipita dehors. Il examina l'horizon, et reconnut que c'était bien là, selon lui, le signe précurseur. La nébuleuse dans sa course firmamentale, atteignait notre planète, l'embrasait de ses feux. La fin de notre monde déjà pétillait. Il ne restait plus qu'à se préparer pieusement à la mort. Le serviteur de Dieu y convia ses ouailles avec éloquence. Celles-ci hésitèrent un instant. Puis la résolution fut prise. Au lieu de se prosterner et de se confondre en oraisons à l'approche du Jugement, la plupart suivirent les audacieux qui descendaient dans les caves, ouvraient les huches et les buffets, poursuivaient les plus jolies des filles et des femmes. Celles-ci ne tardèrent pas à se débarrasser de toute pudeur. L'ivresse du vin et de l'amour para les heures qu'on croyait suprêmes.

Ces désordres se propagèrent dans toute la province. Des troupes furent envoyées.

Telle fut l'influence de la comète de Halley. Elle rendit à tout un bourg hongrois la sincérité de l'âme impulsive. Instincts primordiaux de l'être, qu'il vive sous les apparences d'une ambe ou d'un instituteur, la gourmandise et la luxure promettent au commun des hommes ses joies les plus franches. Pour se repaître et se reproduire en paix, à l'abri du péril, sous la garde vigilante des sentinelles, les animaux imaginèrent la solidarité du troupeau ; les hommes, celle de la famille, de la race et du peuple. Alors chacun peut garder la nourriture, la femelle conquise. Ainsi naquirent les principes de la propriété, du mariage. De là tout a procédé : religions et lois, richesses et patries, luxes et arts, commerces et industries, sciences. Les prêtres constituèrent les morales capables d'affermir les caractères par les contraintes de la vertu. Celle-ci, récompensée par le secours du ciel, finit par devenir le fait positif de la vie sociale. Probe envers le riche, loyal envers le chef, docile aux pontifes, fidèle à la patrie et aux dieux, le citoyen crut que sa vénération de ces forces était l'essentiel. Il l'observa plus ou moins scrupuleusement, d'abord par crainte des sanctions pénales et de l'opinion publique, ensuite par amour propre de caste, par honneur. Relativement sobre et chaste, il abdique presque les appétits pour la satisfaction desquels ses ancêtres avaient établi les règles de l'entente civilisatrice. L'ascétisme d'un Diogène, d'un fakir, d'un saint Jérôme parut longtemps aux élites et aux plèbes, le but préférable des efforts ; en théorie du moins.

Toutefois les plus extraordinaires raffinements de la luxure et de la gourmandise avaient séduit les élites latines au temps même où les amis de César établissaient sur le monde l'administration romaine dont les idées gouvernent encore les peuples civilisés de la planète. Loin de nuire à la grandeur de Rome, les orgies de Tibère et de Néron, des élites groupées autour de ces empereurs développèrent tant l'intelligence du Capitole, qu'à ce moment précis fut consacrée, sur l'Asie occidentale, l'Europe entière et l'Afrique septentrionale l'incomparable merveille du génie romain. Scythes, Gaulois, Lydiens, Vikings accueillirent l'ensemble des idées administratives et législatives conçues sur les lits du triclinium pendant que les joueuses de flûtes se livraient, sous les yeux des penseurs, aux débauches fabuleuses pendant que Lucullus expliquait à ses convives l'assaisonnement utile à la saveur des lamproies.

M. Bérenger a-t-il médité sur cette évidence historique avant de prétendre que la luxure d'un peuple achève sa déchéance ?

Mais, ironie des forces, la chasteté peut faire sa gloire.

Dès le VII° siècle, comme la fin du monde était, selon la légende, prédite pour l'an 1040, des mourants léguèrent leurs biens aux églises et aux abbayes, en vue de conquérir l'indulgence céleste, vers l'heure du Jugement. Alors, pendant trois siècles, les basiliques et les monastères furent prodigieusement dotés. En mille lieux, la vie sensuelle se restreignit. Nonnes et moines comblèrent les cloîtres. On dut partout construire de nouveaux moustiers. Les conciles promulguèrent les règles les plus strictes, raffermirent encore la discipline sévère des religieux, et décernèrent l'anathème au roi qui se remariait. En l'an 1000, le savant Abbon dut quitter son monastère de Fleury-sur-Loire pour rassurer des foules en effroi. On a soutenu avec vraisemblance que le succès de Pierre l'Ermite prêchant la Croisade et entraînant à sa suite, vers les lieux saints, tant de populations extatiques, résulta des émotions consécutives, en maintes régions d'Occident, à l'attente du jour suprême.

A combattre les instincts pour un idéal de vertu, ceux d'Occident avaient ainsi gagné des caractères, et la vaillance nécessaire à la conquête ; comme ceux de l'élite romaine avaient gagné, dans la luxure, cette intelligence qui mène la vie des états, encore.

Cet exode miraculeux instruisit les âmes. Et il y eut retour à la licence. Elles s'initièrent à la volupté de l'Orient. Elles apprirent qu'il est des douceurs que l'esprit raffine. Les Byzantins, à leurs hôtes enseignèrent Théocrite et Longus. Les érudits, les peintres, les sculpteurs de la Renaissance, les nobles, les évêques et les papes rendirent à la luxure et à la gourmandise le culte des arts, des lettres. Notre curé de Meudon proposa l'Abbaye de Thélème.

Or, l'Eglise de Rome prononça la condamnation de sa puissance, parmi les races latines, lorsqu'elle s'enticha de rigorisme afin de lutter contre la Réforme, et de raffiner aussi les absurdes exigences de chasteté, d'abstinence qu'imposèrent Luther et

Calvin dressés, pour le malheur du monde, contre le catholicisme tolérant, internationaliste et communiste du XVIᵉ siècle. Aux flancs des églises gothiques, la malice des architectes et des sculpteurs avait bien dit cependant le véritable esprit de nos croyances. Comme le socialisme d'à présent, le capucin pratiquant le collectivisme de son abbaye voulait une répartition équitable des dons célestes et matériels, outre le luxe, pour tous, de son église, les arts pour tous, le triomphe pour tous, la joie pour tous, fût-elle représentée par la Farce de l'Asne, et les mystères qu'on jouait au parvis, avec la nef pour coulisses. Comme l'internationaliste d'à présent, le prêtre tentait de soumettre les conflits des aristocraties belliqueuses à l'arbitrage obligatoire de Rome. Tâche malaisément reprise dans La Haye. Les évêques s'efforçaient de rendre le latin universel et d'unir les races fraternellement par l'identité de la langue. Justice collectiviste, art communiste, paix générale, idiôme européen, l'Eglise avait tenté, réalisé à demi ce que souhaitent les révolutionnaires de cette heure. Il suffit qu'un gros moine allemand, ahuri par la bière de Thuringe entendît à Rome les revendications libertaires propagées par les apologistes de Savonarole ; il suffit que le lourd Augustin d'Erfurt comprît mal l'intelligence d'une vive rébellion florentine et qu'il en fît le principe de ses naïfs pamphlets ; cela suffit pour détruire le magnifique rêve de Léon X, diviser l'Europe en nordiques huguenots et en latins catholiques, jeter les uns contre les autres pendant la guerre de Trente ans, assurer la séparation des royaumes et l'autorité des monarques, supprimer la paix romaine, déterminer la ruine du socialisme conventuel et de la langue universelle, instaurer partout la dénonciation, la contrainte de la haine.

L'erreur des papes fut de ne pas opposer à cette influence néfaste les principes de tolérance, puis de vouloir terrasser l'hérésie en adoptant ses fureurs, ses hypocrisies, son rigorisme acceptable pour des Germains au sang froid, insupportable pour le sang chaud de races à mœurs latines.

En vérité les villageois de Hongrie n'eurent pas tort de goûter ces délices avant la mort annoncée. Ils rendirent hommage aux forces que la nature incorpore dans la vie de l'Etre. Soit qu'on s'exerce à les vaillamment réfréner pour accroître son énergie morale, soit qu'on s'évertue à les savamment assouvir pour accroître sa subtilité mentale, ces forces déterminent toute l'évolution des caractères qui fondent les empires par la victoire et toute l'évolution des intelligences qui créent les civilisations immortelles.

XIX

L'ORGANISATION

DE LA DÉMOCRATIE

Convaincues de leur force, après soixante ans de suffrage universel, les multitudes, par l'entremise de leurs comités, par l'obéissance de représentants plus semblables à elles-mêmes, plus exempts de savoir et de valeur, tiendront avant peu le pouvoir réel. Leur simplicité régnera sur la France (1). Si elles hésitent encore, ici et là, provisoirement, à choisir leurs députés parmi les ignares, il apparaît que c'est une dernière timidité. Par égoïsme, man-

---

(1) On lirait avec fruit une fort intéressante critique de ces commentateurs dans une étude de M. André Lebey, que publia la *Revue Socialiste* en juillet 1910.

que d'énergie, les anciennes classes dirigeantes perdent, chaque heure, le reste de leur influence. Même les élites savantes ne trouvent aucun crédit auprès du corps électoral. C'est l'extrême danger. « Si un Victor Hugo se présentait ici, nous ne lui donnerions pas dix voix. » Réponse d'un maire à M. Henri Maret, cette phrase effrayante symbolise la défiance du peuple à l'égard de la culture mentale. Les six cents députés ne comptent pas vingt personnes illustres pour autre chose que pour des mérites politiques. Devant des savants célèbres qui se présentèrent aux suffrages, des hommes se dressèrent et combattirent, quelconques, téméraires, absurdes. Comment s'est-il trouvé des gens pour faire campagne contre M. Painlevé ou M. Maurice Barrès ? Ces présomptueux ne craignent pas de s'offrir en comparaison, ni de contester la précellence du rival. Et nul ne s'indigne. Point de journaliste qui houspille l'arrogance de ces tartempions. Il semble entendu que l'élite intellectuelle du pays n'a point ce droit de régir l'Etat que possèdent toutes espèces de boutiquiers, vétérinaires, commis et tâcherons. Le fait d'être, avec gloire, connu pour les choses de la science ne confère aucun privilège devant le peuple qui s'émancipe au nom de cette science même, depuis les Encyclopédistes. Bien que MM. Guesde et Jaurès soient parmi tant d'autres, des intellectuels, et qu'ils aient prouvé leur constance à l'idée socialiste, le peuple se détourne des professeurs, des écrivains philosophes.

Lorsque la France dépendra de la véritable démocratie, de son ignorance incarnée en ses braves travailleurs manuels, en ses cabaretiers, en ses paysans, en ses énergumènes de réunion publique, tout sera soumis à l'avidité bien naturelle de satisfaire les intérêts immédiats. Ce parlement de naïfs élaborera mille erreurs, comme celle qui ruina les vignerons du Midi fiers d'obtenir les droits prohibitifs sur les vins espagnols indispensables aux mélanges exigés par les clientèles de l'Amérique sans goût pour nos vins purs.

En effet, les économistes, les gens qui étudient spécialement les sciences politiques ne séduiront pas davantage les électeurs. Le monde entier salue, en MM. Paul et Anatole Leroy-Beaulieu, des économistes incomparables. Ils ne purent siéger à la Chambre. Toutes sortes de coquecigrues triomphèrent d'eux fort aisément. Le peuple, selon la parole lapidaire de M. Emile Faguet, a « le culte de l'incompétence ».

Cette exclusion des capacités sera la coutume de foules mises en défiance, par les apôtres socialistes, contre l'homme d'habitudes spirituelles non plébéiennes. De plus en plus, la théorie de M. Allemane prévaudra. Le peuple ouvrier dirigera ses affaires lui-même, par l'entremise de ses pairs. Déjà l'influence de tels élus compromet l'avenir du pays. Insoucieux de l'histoire et de la sociologie générale, ils ont contraint le Parlement à supprimer notre pouvoir maritime, à négliger la défense nationale.

Douze cent mille électeurs viennent, en mai 1910, de se prononcer pour la thèse des socialistes unifiés, celle même dont j'indique les périls, celle qui renonce, en somme, à la nationalité française, et préconise le gouvernement direct par l'ignorance de la masse. L'avènement de la véritable démocratie, non celle des anciens discours, est signifié par ces douze cent mille hommes, ennemis ardents des élites compétentes. En vain calculera-t-on qu'il y a sept millions de travailleurs industriels, au total ; et que ces douze cent mille représentent seulement une minorité. Elle entraînera vite les autres. Plus active, plus tumultueuse, plus fanatique, elle imprimera le sceau de sa volonté sur l'ensemble des réformes prochaines, désarmera la nation, la livrera fatalement aux influences de patries impérialistes, et préparera la servitude historique des races latines.

A ces douze cent mille hommes avant-coureurs

du prolétariat entier, rural et urbain, il faut tracer une voie évidemment propice. A ce torrent d'âmes avides il faut creuser un lit qui leur semble préférable, qui les accueille, qui les empêche de déborder, puis de ravager et de saccager leur propre domaine et d'aller s'épandre, se dissiper, se perdre, au loin, sans forces. C'est la tâche que s'assigne M. Hanotaux, le merveilleux historien qui publie *la Démocratie et le Travail*. C'est la tâche que s'attribuent les écrivains de la *Démocratie sociale*, MM. Paul Boncour, Léon Parsons, Albert Ferry, Lévy Ulmann, Hirtz, André Lebey et quelques autres. C'est la tâche à laquelle il importe de convier tous les esprits sagaces et incapables de se leurrer davantage sur l'imminence de la transformation. De ceux-ci, les uns, comme M. Hanotaux, admettent presque la *République professionnelle*, c'est-à-dire le système syndicaliste qui fut en honneur à Florence au temps du Dante, et ils affirment : « Ce qu'il faut aux âges qui viennent, c'est d'abord une éducation politique plus profonde et plus réelle... Il a manqué aux ouvriers de la première heure une conscience plus avertie des problèmes qu'ils ont eux-mêmes posés ». Les autres, comme les amis de MM. Paul Boncour et Abel Ferry demandent l'usage immédiat « du contrat collectif, de la participation ouvrière à la gestion comme au profit des entreprises, et de l'exploitation en régie pour toutes les richesses non encore concédées ».

Les volumes de M. Paul Deschanel doivent particulièrement nous attirer ; car ils sont l'œuvre d'un « politique » ayant, depuis de longues années, conduit les discussions parlementaires, avec une clairvoyance, une impartialité qui lui valurent d'occuper la présidence aux applaudissements de la plupart, et qui le firent désigner, comme M. Ribot, par les membres de l'Académie française, afin de représenter, au sein de cette compagnie, l'éloquence créatrice de nos lois.

Vertu rare dans l'élite même du Parlement, où les honneurs républicains s'acquièrent par l'opiniâtreté à défendre aveuglement une thèse de secte, et à déclarer iniques toutes opinions nées hors de ce parti, la faculté de synthèse est le propre de M. Paul Deschanel. Aucune réforme, qu'elle soit offerte par les socialistes, les radicaux, les progressistes ou les conservateurs, ne suscite en lui un mouvement premier d'opposition. Cet esprit examine tous les projets avec le souci d'y reconnaître une virtualité d'amélioration sociale. S'il a démontré quelques erreurs des collectivistes, il se déclare un syndicaliste convaincu. M. Paul Deschanel admet la théorie du contrat collectif, effroi actuel des patrons, souhaite que l'ouvrier devienne copropriétaire de l'usine, démontre l'efficacité possible de ce vœu, prouve que le terme du conflit entre le Travail et le Capital apparaît, dans l'avenir, sous la forme d'une association entre actionnaires et ouvriers. Malgré ces vues quasi révolutionnaires, M. Paul Deschanel est considéré comme un défenseur de la vieille société par les apôtres du prolétariat. Sans doute n'ont-ils pas tort.

Ce pouvoir de comparaison entre les éléments hétérogènes de la matière chimique ou sociale, cette faculté d'établir l'échelle des valeurs, sans préoccupation étrangère à l'exactitude précise du résultat, c'est la marque de l'esprit scientifique. M. Paul Deschanel, comme M. Ribot, ne permet point à sa conscience l'engouement, la passion, ni le parti pris. Aussi les sectaires lui lancent-ils parfois des boutades. Leur littérature déclamatoire n'a point d'action sur cet homme net, un peu roide, au profil linéaire, à la taille fixe. Héritier de l'excellent philologue qui professa de si longues années à la Sorbonne après avoir souffert les persécutions impériales pour sa foi républicaine, le jeune académicien possède le discernement du critique. On ne saurait donc faire appel à une autorité meilleure pour démêler, au milieu des questions nombreuses et complexes suscitées par nos luttes de classes, les principes nécessaires à *l'Organisation de la Démocratie*.

C'est le titre du livre où un annotateur diligent rassembla les discours prononcés en maintes circonstances. Titre opportun, s'il en fut.

M. Paul Deschanel commence par examiner certains aphorismes des socialistes. Avec M. Charles Gide il atteste que la concentration progressive des capitaux en quelques mains d'industriels et de financiers, n'est pas vérifiée. Sur 100 usines, 56 sont des propriétés individuelles ; 26 le bien de sociétés en commandite, et 16 celui de sociétés par actions. Sur 100 fabriques et manufactures 94 emploient moins de 50 ouvriers. Depuis 1884, le nombre des successions va croissant. Un socialiste belge et un socialiste allemand, Vandervelde et Bernstein, reconnaissent que la grande industrie n'absorbe pas la petite, ni les grands magasins la petite boutique. Au contraire, les entreprises individuelles à capitaux modestes se multiplient sans cesse. Les possédants augmentent par toute l'Europe. En même temps qu'ils se concentrent en certaines sociétés, les capitaux se disséminent en un nombre incalculable d'épargnes. Il y a double mouvement. La théorie marxiste, déjà vieille de quarante ans, est infirmée. Comme l'a constaté M. Georges Sorel, l'auteur des *Remarques sur la violence*, il y a décomposition du marxisme. Enfin la classe moyenne ne disparaît point en France. M. Viviani l'a certifié. Quelques principes fondamentaux de la doctrine collectiviste semblent ainsi contredits par l'inexpérience actuelle. Donc nulle logique ne justifierait qu'en conséquence de ces principes douteux, les guesdistes, dès le lendemain de la révolution, fissent la reprise pure et simple des propriétés au bénéfice de l'arbitraire incarné dans les cinquante ou soixante chefs de la démocratie. Si de telles personnes, même approuvées de leur clientèle, géraient mal les richesses publiques, et les gaspillaient, le peuple serait dépourvu de ses biens sans compensation ni sanction. Au contraire, sous la menace de la ruine, terrifiante pour lui-même, le détenteur d'un domaine privé s'efforce de le rendre prospère, et contribue ainsi à la permanence de la fortune nationale.

Ayant ainsi contesté l'excellence absolue de la doctrine chère aux économistes collectivistes, M. Paul Deschanel s'empresse de reconnaître l'évidence de l'iniquité sociale. De cela personne ne doute plus. Il suffira de citer l'étude si tragique de Mme L.-M. Compain sur *la Femme dans les organisations ouvrières*. Indigné, le lecteur y apprend que la confectionneuse à domicile doit faire un corsage pour 4 sous, ourler à la main douze torchons pour 8 sous, coudre à la machine douze chemises d'homme pour 34 sous, cela malgré les protestations de quelques syndicats d'ailleurs embryonnaires et impuissants. A Paris, centre de toute civilisation, une femme reçoit 6 centimes pour la façon d'un tablier, 30 centimes pour celle d'un gilet exigeant dix heures de travail, 38 centimes pour celle d'une jupe entière, etc. La tuberculose décime naturellement ces malheureuses à peine nourries, juchées dans des taudis infects, et chargées de famille presque toujours.

Comment le salarié en est-il venu à ce degré de servitude ? M. Paul Deschanel l'explique fort bien. L'Assemblée Constituante ayant aboli, selon le vœu populaire, les corporations, jurandes et maîtrises qui accaparaient le travail, et refusaient, selon le caprice de leurs chefs, l'admission des chômeurs, les ouvriers se trouvèrent, au début même de l'ère industrielle, dépourvus de toute protection légale, de tout pouvoir d'entente. Conçu en pleine crise économique, alors que tant d'ateliers, de fabriques, désertés pendant les guerres de la République, employaient peu de monde, produisaient mal, le Code civil servit l'intention principale de favoriser la résurrection de l'industrie et du commerce, c'est-à-dire l'initiative du patron. On ne songea guère aux droits de l'ouvrier. La bourgeoisie abusa du privilège, oublieuse de l'*Esprit des Lois*. Montesquieu, cependant, avait écrit : *L'Etat doit à tous les citoyens une subsistance assurée, la nourriture, un vêtement convenable et un genre de vie qui ne soit pas contraire à sa santé.* La classe possédante s'opposa, par l'entremise de ses doctrinaires, à l'ingérence officielle dans ses méthodes de production. A rebours de ce que pensaient Necker, Mirabeau, Sieyès, nos libéraux, disciples de l'Ecole de Manchester, voulurent que l'Etat ne s'entremît jamais, qu'il laissât toute licence à la lutte pour l'enrichissement. On se rappelle la parole de Guizot. A son exemple, la bourgeoisie de Louis-Philippe estima que l'opulence des classes dirigeantes se répandait automatiquement par la circulation des produits et des monnaies sur l'ensemble de la nation.

« Et veuillez observer, ajoute M. Paul Deschanel, que c'est de cette déviation qu'est sorti le collectivisme. Ce matérialisme des économistes, qui donnait la primauté aux intérêts mercantiles et identifiait l'accroissement de la richesse avec le progrès de la civilisation ; leur cosmopolitisme qui ne tenait aucun compte des frontières politiques, de l'idée de nationalité ; la honteuse exploitation des vies humaines et de l'enfance même par l'industrie britannique au lendemain des guerres de l'Empire, grâce au régime du laissez-faire et sous prétexte de respecter « la liberté » des parents et des patrons : ces théories, leurs conséquences engendrèrent ce qu'on appela « le socialisme scientifique ». Les notions de Ferdinand Lassalle, de Karl Marx sur la valeur, le capital, le salaire sont — et cela est tout naturel — les notions des économistes de leur temps. Ce qu'ils appelèrent le socialisme scientifique est cette politique retournée. Marx, c'est Ricardo vu à l'envers. La théorie de la plus-value sort directement de la théorie de la rente ; et, de même que Bastiat avait fini par ne plus voir, dans l'économie politique, que l'échange, à l'inverse, Marx nie et proscrit l'échange et, par conséquent le contrat... Et que faisons-nous, maintenant ?... Que fait la Troisième République ? Elle renoue, si je puis dire, par-dessus les économistes de l'Ecole de Manchester, par-dessus les libéraux et les économistes de la Restauration et de la monarchie de juillet, par-dessus les théoriciens du socialisme allemand et leurs disciples qui furent les fils révoltés de l'école utilitaire anglaise, la grande tradition française du dix-huitième siècle, à savoir : l'Etat intervenant lorsque l'association ou l'individu sont trop faibles. »

Ne convenait-il pas de citer entièrement cette partie du discours prononcé devant la Ligue de l'Enseignement. C'est un manifeste, en quelque sorte. M. Paul Deschanel y pose un principe parfaitement étayé sur les témoignages de l'évolution historique. Cette vue d'ensemble est admirable. Elle peut devenir le préambule de toute la politique future.

L'intervention de l'Etat que préconisa Montesquieu afin de secourir les faibles, c'est là ce que réclame la démocratie. Il s'agit de promptement déterminer les cas où cette intervention doit se produire. Besogne ardue. M. Cruppi n'a-t-il pas inscrit, à la première page de son ouvrage sur l'expansion de la France, cette phrase de l'économiste Charles Gide : *L'Etat n'a été organisé qu'en vue de ses fonctions politiques et nullement de ses fonctions économiques* ? Faisant agréer par les sénateurs la loi des retraites ouvrières, M. Viviani sut accomplir la première réforme vraiment sociale que l'histoire enregistrera comme le début d'une progression inéluctable désormais. Hormis cela, tout reste à faire. Et par où commencer ?

Il est remarquable extrêmement que M. Paul Deschanel, comme M. Hanotaux, accepte la doctrine du syndicalisme exposée, en d'autres termes, il y a peu d'années, dans un livre de M. Paul Boncour célèbre partout où l'on approfondit les questions sociales. A ce type d'organisation corporative chacun de ces auteurs demande les éléments d'une syntaxe doctrinaire. C'est la recherche d'un style législatif nouveau. Il traduira surtout la préoccupation de choisir, pour sujet unique, les intérêts de l'association productrice et du public consommateur, non les prérogatives de l'autorité intermédiaire entre ces deux forces. Le syndicalisme élude l'autorité politique. Il ne considère que des rapports économiques entre le groupe de travailleurs et l'ensemble des acquéreurs.

Métamorphose profonde. Nous voilà loin de l'esprit qui suggéra des formules aux rédacteurs du Code civil ancien. « Pendant toute la période de 1810 à 1848, rappelle M. Paul Deschanel, on épuisa littéralement les forces nationales. La législation s'accordait avec les mœurs pour maintenir l'ouvrier dans un état scandaleux d'infériorité. L'article du code qui édictait que le « maître » serait cru sur son affirmation dans les différends avec l'ouvrier, l'interdiction des coalitions, la prohibition du droit d'association et de réunion ; puis, plus tard, le livret qui plaçait l'ouvrier à la fois sous un régime de surveillance administrative et dans la dépendance des chefs d'industries : ces mesures blessaient l'égalité civile, niaient la liberté du contrat de travail et dégradaient la dignité du travailleur. » Et voici pour le futur :

« Ceux qui redoutent une forte organisation professionnelle n'ont guère d'avenir dans l'esprit. Une organisation méthodique des forces ouvrières ne servira pas seulement les ouvriers, elle servira aussi les chefs d'industrie et la communauté entière... Le travail une fois scientifiquement organisé entre, non pas en lutte, mais en tractation avec le capital. Chambres d'explication, conseils d'usine, conseils et tribunaux permanents de conciliation et d'arbitrage, alliances et syndicats parallèles, conseils de travail, toutes ces institutions qui, pour la plupart, sont déjà si vivaces chez d'autres peuples et qui constituent une justice nouvelle, la justice économique, ne peuvent sortir que d'une organisation syndicale puissante et éclairée. »

M. Paul Deschanel distingue formellement le syndicalisme légal et le syndicalisme révolutionnaire. De celui-ci nous apercevons la faiblesse numérique. On compte à peine un million de syndiqués sur douze millions de travailleurs manuels. La Confédération Générale du Travail associe deux cent mille producteurs, tout juste. L'insignifiance de cet épouvantail stupéfie quand on pense à quel point des ministres l'ont redouté. Le 1ᵉʳ mai 1910, il a suffi d'aligner quelques escadrons et quelques compagnies sur les avenues ouvrant l'accès du Bois pour dissiper le fantôme avant son apparition. L'évidence de cette faiblesse quantitative a contraint les chefs à soutenir que les minorités conscientes doivent agir au nom des majorités inconscientes. Pouget, Georges Deville l'ont déclaré. C'est aussi le raisonnement des antimilitaristes. Raisonnement mal apprécié par les autres groupements du prolétariat européen. Lorsque Griffuehles se rendit à Berlin pour obtenir que le secrétariat international y siégeant manifestât contre la guerre, à l'heure des complications marocaines, les émissaires de Bebel et Singer refusèrent tout accord, et même la reconnaissance du mandat que s'était arrogé la Confédération Générale. Si, dans cette réponse nette, le patriotisme des socialistes allemands exprimait, une fois de plus, sa vérité dangereuse pour les espoirs chimériques des internationalistes français, il annonçait aussi que le syndicalisme révolutionnaire ne jouit d'aucun prestige hors de Paris. Et là même, MM. Guesde, Fournière, Keufer déclarent que l'antimilitarisme écarte des syndicats les foules laborieuses.

Pour les y faire entrer, il suffira sans doute de fonder le syndicalisme légal. Le statut des fonctionnaires doit être le premier modèle. On comprend pourquoi l'élaboration de ce fameux statut exige du temps malgré l'impatience des postiers, instituteurs, cheminots et autres. M. Paul Boncour professe que les syndicats de fonctionnaires deviendront les cadres de la société prochaine, qu'il importe de les créer avec le plus grand soin, et d'accepter que la situation des membres s'améliore selon le rendement de leur travail. Alors la bonne gestion de leur industrie nationale les passionnerait. M. Paul Deschanel objecte qu'attribuer aux fonctionnaires la réglementation de leur besogne, c'est aussi leur attribuer la mission de légiférer, apanage constitutionnel du Parlement. C'est encore exclure l'intérêt public en faisant de la poste le fief du postier, de l'école le fief de l'instituteur, et de l'arsenal le fief des ouvriers maritimes. Péril grave. L'intérêt spécial du syndicat se doit soumettre à l'intérêt général des citoyens. Une loi économique serait fâcheuse, qui, totalement, subordonnerait l'avantage du consommateur aux besoins du producteur.

Grâce à sa longue expérience du pouvoir législatif, M. Paul Deschanel aperçoit très vite les erreurs prêtes à surgir dans toute discussion où s'affrontent, quel que soit le sujet, les aspirations ferventes des partis. Sur ce point il désigne incontinent la faute qui sera commise, et qui, dès l'application de la loi, causera des mécomptes. L'expérience soufferte pour rendre pratique une mesure si naturelle, si anciennement souhaitée par les dogmes mêmes, l'obligation du repos hebdomadaire, a dessillé bien des yeux que le seul intérêt du producteur avait éblouis. Pour humain qu'il se veuille, le législateur nous doit avant tout de rendre viable son projet. Or, si les acheteurs de timbres, de mandats et de communications téléphoniques se trouvent lésés par la règle corporative des vendeurs, par les licences qu'elle accordera, une perturbation peut s'ensuivre diminuant la facilité des échanges, le commerce du pays. C'est pourquoi M. Deschanel, plus sage, demande simplement l'extension des privilèges concédés par la loi de 1884, aux associations, et le droit, pour elles, de posséder. Lequel n'est pas vain. Des moralistes calculent qu'au moyen des sommes gaspillées, depuis soixante ans, au cabaret, le prolétariat eût acquis la propriété des usines où il peine. Il perd un milliard, chaque année, de cette façon. Mieux rémunérés, moins impulsifs, les commis d'Etat exerceront le droit de propriété syndicale avec efficacité.

En outre, il faut mettre l'employé à l'abri des injustices que le favoritisme électoral perpétue, grâce aux institutions de l'an VIII, époque où six ministres seulement régissaient la République. Aujourd'hui les 120.000 postiers, les 118.000 agents des contributions, les 102.000 instituteurs et institutrices, les 400.000 employés de chemins de fer forment un peuple dont les ministres ne sauraient eux-mêmes discerner les meilleurs. La recommandation est donc accueillie comme un bienfait. Elle éclaire tant soit peu l'obscurité où végètent les mérites du personnel. Cette lumière, protestent les oubliés, ne distingue que les médiocres féaux d'un parti, d'une clientèle électorale ou d'un représentant. Et les moyens de s'inféoder ne sont pas toujours les plus nobles. En cela, les fonctionnaires ont raison. L'arbitraire supérieur, ni les recommandations politiques consacrées par les décrets de l'an VIII ne présentent plus les garanties nécessaires. Il y a quarante ans déjà que l'administration allemande reçut une charte légale pareille à celle que réclamait, pour nos commis d'Etat, dès 1844, Alexis de Tocqueville, en dépit des objections alléguant l'imprudence d'amoindrir la prérogative royale. Le temps est venu, chez nous, d'offrir ces règles immuables et justes relatives aux nominations, à l'avancement, à la discipline, au déplacement, à la révocation. M. Paul Deschanel s'élève néanmoins contre l'avancement à l'ancienneté voulu par les protestataires. Puisqu'il situe de même les laborieux et les nonchalants, les actifs et les passifs, ce système serait, parbleu, déplorable. On le constaterait vite devant les résultats du labeur général. La méthode anéantirait toute initiative intelligente. Donc il convient que les fonctionnaires parfaitement avertis de leurs services et des conditions propices à la tâche commune, imaginent eux-mêmes une autre sorte de procédé.

« Le fonctionnaire n'est ni le serviteur de tel ou tel ministre, ni le propriétaire de sa fonction ; il est le délégué de la société dans les services nécessaires à son existence. C'est l'intérêt de la nation qu'il faut envisager d'abord. » Cette affirmation permet à M. Paul Deschanel de repousser certains principes de licence pouvant amener le conflit perpétuel entre le Syndicat féru d'indépendance et l'Etat représentant les citoyens qui usent du travail consenti par les fonctionnaires. Sans quoi, le public réclamera l'abolition des monopoles, s'adressera aux entreprises particulières comme celles qui s'improvisèrent pendant la grève des Postes. Alors, les fonctionnaires privés de clientèle perdront, malgré toutes garanties, leurs places, leurs appointements, les avantages accessoires.

Beaucoup plus vaillamment que la plupart de ses collègues, M. Paul Deschanel courbe la vie syndicale sous le joug inéluctable de l'équilibre économique. Offre et demande. J'ajouterai volontiers que tout orgueil succombe devant cette loi des échanges sociaux. Le jour où le syndicat aura lassé le public, celui-ci ne lui demandera plus de marchandise, ni de labeur. Quelques citoyens actifs créeront un organisme concurrent, en offriront les services plus avantageux ; et ce sera la fin du syndicalisme officiel, ruiné par le syndicalisme des passants.

L'effroyable complexité du problème ne déconcerte pas M. Paul Deschanel. Chaque Français soucieux de préparer l'avenir de son pays, lira ces clairs discours, puis ceux que l'on a réunis dans le volume consacré aux affaires étrangères : *Hors de France*.

Ils exposent en toute netteté les problèmes essentiels dont la solution changera la vie prochaine de nos races. Absolument nécessaire à qui veut convaincre l'âme un peu simple de cinq cents députés et des cinq cent mille cabaretiers grands-électeurs, cette netteté du raisonnement écarte les considérations secondaires. De même M. Briand persuade la Chambre en résumant avec concision les théories les plus amples des sociologues, en comparant avec équité les divers résultats présentés par les orateurs au cours d'une controverse. Lui-même ne s'embarrasse pas de démonstrations spéciales. Il évince les plaidoyers. Il s'attribue le rôle de l'arbitre qui met en valeur la plus opportune des solutions offertes. Cette éloquence parlementaire qui simplifie, qui clarifie, qui réduit au principe et aux résultats, qui, de toute une philosophie, de toute une économie politique, de toute une histoire, auparavant assimilées, compose une formule brillante et persuasive, M. Paul Deschanel la possède à merveille. S'il recommande le scrutin de liste et la représentation proportionnelle comme la réforme avant tout indispensable, en prouvant que, depuis trente-cinq années, la moyenne des voix représentées ne dépasse pas 45 pour 100 des électeurs inscrits, et qu'une minorité, par suite, dicte les lois à la majorité ; s'il plaide pour l'enfance coupable et la remise du petit à ses parents plutôt qu'au geôlier, sous la condition de surveiller cette liberté provisoire ; s'il combat la peine de mort par les meilleures raisons, et qui l'étaient puisque la reprise des exécutions n'a pas terrifié les assassins aussi nombreux qu'auparavant, M. Paul Deschanel use de l'art le mieux fait pour séduire les contradicteurs opiniâtres. Tel ce beau mouvement oratoire :

« Nous devons nous dire enfin que, le jour où la France ne reconnaîtrait plus comme le premier principe de sa politique extérieure le respect du droit, elle perdrait son influence dans le monde et ses raisons de vivre.

« Le droit ! C'est par cette idée que je veux finir ; car cette idée doit guider la France dans la crise orientale, comme elle l'a guidée dans son récent différend avec l'Allemagne.

« Là, pas un instant, ni le gouvernement de la République, ni la nation toute entière, serrée autour de lui, n'ont hésité, ni sur le droit, ni sur le devoir patriotique. La France a dit : « Je ne veux « isoler personne, mais je ne veux plus être isolée. « Je veux la paix, mais la paix avec l'honneur, « dans la justice ! »

« Ah ! messieurs, ce n'est pas un fait négligeable dans l'histoire des relations internationales, d'avoir vu la grande puissance militaire qui s'était montrée jusqu'ici la plus sceptique à l'égard de l'arbitrage, proposer elle-même l'arbitrage !

« L'arbitrage n'eût-il empêché qu'une seule guerre, comme dans l'affaire de l'*Alabama* ou dans l'incident de Hull, ne dût-il empêcher qu'une seule guerre dans l'avenir, c'en serait assez pour rendre sa cause sacrée à nos yeux !

« C'est un Allemand, Kant, qui a prononcé cette parole : « La raison ne dit pas que la paix perpé- « tuelle sera réalisée un jour, cela ne la regarde « pas ; la raison dit qu'il faut toujours agir comme

« si la paix perpétuelle devait être réalisée un « jour ; cela seul la regarde. »

« Efforçons-nous de faire pénétrer de plus en plus la notion de la justice internationale dans la conscience de l'humanité. Mais, en même temps, sachons profiter des leçons que viennent, encore une fois, de nous donner les faits. Hélas ! pour l'humiliation de la raison humaine, dès que la force manque au droit, le droit succombe et la volonté des peuples est méprisée !

« N'oublions aucune de ces épreuves, travaillons à en prévenir le retour, et souvenons-nous que, plus nous serons forts, plus nous offrirons de chances aux victoires du droit ! »

Les vues de l'historien s'étendent à l'évolution totale de nos idées modernes depuis leur naissance ou leur résurrection dans le cerveau d'un Montesquieu, d'un Turgot, d'un Sieyès jusqu'à leur expression actuelle dans les manifestes d'un syndicat gréviste. En deux phrases, en un paragraphe au plus, l'académicien fait luire la réalité de cette trajectoire à travers dix générations. Multilatéral, je veux dire capable de comprendre le meilleur de chaque parti, d'en extraire une thèse acceptable pour la majorité, il sait, en même temps, défendre les droits acquis par six millions de sages mutualistes, et cueillir les desseins raisonnables dans les âmes furibondes des huit cent mille syndiqués.

Ainsi préconise-t-il le crédit ouvrier, et le syndicat propriétaire, dans l'espérance de voir ces compagnies devenir les « Sociétés Anonymes de Travail » qui traiteront en égalité avec les sociétés capitalistes à l'instant de signer le contrat collectif. Ainsi montre-t-il la possibilité de réduire le temps de la besogne en invoquant l'exemple anglais des dix heures plus productives grâce au développement physique et intellectuel des tisserands. Ainsi compare-t-il la phase d'agitation que subissent nos syndicats et celle des associations allemandes, aujourd'hui en pleine sagesse d'organisation. Ainsi s'explique-t-il comment vingt mille ouvriers du gaz à Londres sont actionnaires, et possèdent pour douze millions de titres. Par là, M. Paul Deschanel livre à la démocratie triomphante une argumentation irréfutable en faveur de ce syndicalisme imminent qui, jadis, a régné sur Florence. Comme M. Hanotaux nous le rappelle, le Dante lui-même avait dû s'inscrire sur le registre corporatif des apothicaires.

L'organisation de la démocratie par le syndicalisme légal, et par la libre concurrence entre les syndicats de producteurs, de patrons, de consommateurs, telle semble être la solution vers laquelle incline le célèbre orateur qui nous communique la synthèse de ses pensées dans un ouvrage digne de nos études les plus attentives, car il contient, en ses pages, la destinée de la France.

XX

UN VISAGE DU FUTUR

S'ils portaient l'ample toge des Pères Conscrits et le laticlave romain, nos sénateurs ne contrediraient à cette apparence de la tradition ni par leurs attitudes, ni par leurs propos. La « Haute Assemblée » s'immobilise dans les fauteuils de son hémicycle avec une dignité simple, à peu près noble. La vieillesse n'y est point, comme au Palais Bourbon, lourde ou molle. Personne ne s'écroule, ne se tasse en sa place. Chacun y siège. L'attention de tous se fixe sur la mine de l'orateur. Peu de ces bavardages particuliers, point de ces interruptions ridicules qui déprécient tant les controverses de la cohue grouillant au quai d'Orsay.

Un certain nombre de sénateurs répugnèrent à la loi sur les retraites ouvrières. Bien que leur arithmétique dénonçât les difficultés financières de la réalisation, nul ne marqua son avis de manière agressive durant les deux grands mois voués, par les « Amours » bruns gardiens des pendules, à la discussion du projet offert par M. Viviani.

A la séance initiale, dès que, la tête basse et la face volontaire, il eut gravi les degrés de la tribune pour déployer, sur la tablette, un lourd portefeuille, plein de témoignages statistiques, M. Viviani, levant les yeux, put constater la déférence des sages prêts à l'entendre. Tout de suite, il tint à ces économistes le langage du savant comme il seyait. Le prudent M. Cuvinot protégea difficilement le texte de la Commission par des remarques brèves et les signes de ses doigts pâles. Assis en bas, derrière ses dossiers, il eut à lutter, par la mimique, contre la certitude très pourvue du jeune ministre qu'éclaire la santé franche d'un visage nu à pans nets. D'abord, ses yeux ardents annoncent la force qu'exprime ensuite l'argumentation active et pressante. En sa barbe blanche et son habit gris, souvent M. Cuvinot s'étonna de cette connaissance multiple, sûre, qui a si vite rendu « ministrable » un avocat de grand talent et de belle taille, après avoir fait de ses discours l'œuvre la plus durable entre les meilleures de cette époque parlementaire.

M. Jaurès détruit le Passé. M. Viviani fonde le Futur.

Pour jouir de cette intéressante controverse, les sociologues du Sénat furent assidus, dans les zônes de leur amphithéâtre devant les marmoréens fantômes d'un L'Hopital long, barbu et coiffé d'une toque à trois cornes, d'un solennel Mathieu Molé en robe et manteau de pierre, d'un robuste Colbert sculpté avec ses bas et son justaucorps, d'un Malesherbes fastueux sous la toge et la perruque à marteaux, d'un menu Portalis, ciselé en frac et souliers à boucles ; statues inspiratrices de l'assemblée, et qui forment cercle derrière le trône présidentiel où M. Antonin Dubost se prélasse en flattant la neige de sa barbe.

Pendant deux mois, les plus éminents calculateurs et penseurs du Sénat, après ceux de la Chambre, montèrent à la tribune. Ils révélèrent les conséquences financières, morales, politiques, internationales d'un projet ayant pour simple but de répartir, entre les travailleurs de soixante-cinq ans, une indemnité moindre qu'un franc par jour, récompense de vies consacrées tout entières à produire la richesse de la patrie.

Et voilà que ce problème suscite, autour de son

énoncé, parmi l'assemblée la plus raisonnable et la plus avertie, d'ailleurs renseignée par les mathématiciens des ministères, de l'Institut, des Universités françaises et étrangères, une effroyable complication de thèses contraires, presque toutes judicieuses. Quand un Ribot, un Viviani, démêlent, grâce à leurs génies clairvoyants, ces énigmes de la vie sociale, on s'aperçoit que le Complexe de Montaigne, de Shakespeare et de Goethe touche plus à l'Essentiel que n'y touche le Simplisme de Racine, de Pope et de Schiller. Récemment M. Bergson, philosophe aimé de la jeunesse, présentait avec admiration, aux Académies la thèse de Rosny aîné sur « Le Pluralisme ». Selon cette thèse, l'évidence du Complexe en notre temps semble le fait positif de toute connaissance. Les travaux de M. Henri Poincaré, comme les synthèses du docteur Gustave Lebon, avaient déjà fourni la même certitude actuelle. Rien n'affirmera plus cette loi que la controverse sur le précompte, la capitalisation et la répartition.

Les mains gracieuses de M. Ribot tracent dans l'air des chiffres et les soulignent. Immobile, massif, prudent, M. Cuvinot accepte les contestations du ministre, sans trop nier, de sa face floconneuse ni de son crâne poli, ni des lueurs scintillant aux verres de son binocle. A côté de lui, M. Poirrier se résigne à l'admission des clauses. Il les subit, maigre, net, un peu las en sa jaquette élégante malgré la combativité inscrite dans son profil aigu, et dans l'obstacle de ce front nu, de ce sourcil proéminent. Habile et rapide, M. Viviani poursuit son œuvre. Son œil semble apercevoir ce que sa bouche va dire, ce que ses mains vont envelopper d'invisible et d'arrondi au bout de la période qui résout les difficultés, qui les entoure d'une nouvelle apparence plus traitable, qui les englobe dans le système du gouvernement.

Comme la lumière de la Pentecôte soudain brilla sur les apôtres réunis, ainsi le lustre étincelle tout-à-coup, dans l'obscurité de l'hiver, sur les économistes captivés par les dissertations rapides et nourries du ministre. M. Chaumié avance son visage de lion majestueux à la crinière blanchie. Long sur ses jambes et les bras croisés, M. Baudin redresse son profil anglais. Il médite des objections subtiles, positives qu'il a résumées en de substantielles chroniques. Le menton dans sa cravate à pois, M. Lintilhac cherche une aïeule aux retraites ouvrières parmi ses souvenirs des législations helléniques et latines. M. Francis Charmes ronge ses lèvres sous la moustache en brosse, et se rappelle quelque prophétie imprudente de son maître M. Thiers.

Chose étrange : le ministre socialiste doit prêcher l'économie aux représentants de la bourgeoisie progressiste. Les centaines de millions jaillissent de bouche en bouche. L'orateur et ses auditeurs échangent leurs précisions. De ces messieurs à moustaches de généraux, à favoris de magistrats, à barbes de patriarches, à masques d'évêques, par instants, les paroles s'envolent, abstraites et supérieures. Nulle déclamation larmoyante en faveur de l'ouvrier, nulle ironie hargneuse en faveur du patron. Spectacle inattendu certes, dans une compagnie de politiciens. Si haut, dès le début, M. Viviani a courageusement placé le débat que les haines des partis s'évanouissent. Conservateur ou radical, chacun ne cherche plus que la façon pratique d'abolir la détresse des travailleurs sexagénaires, sans obérer inconsidérément le trésor, sans amoindrir trop les ressources du capital producteur.

Contre sa coutume, d'ailleurs, M. Ribot apparut, au cours de cette controverse, non plus l'adversaire, mais le critique favorable du projet ministériel.

Debout contre la couronne de bronze qui, sur la chaire du président, entoure les initiales R. F., M. Viviani parlait devant cette auréole. Le ministre du Travail prouva que l'imprévoyant retomberait sur l'Assistance Publique. Or, celle-ci reçoit les fonds que procurent les impôts prélevés sur le salaire et les cotisations du prévoyant. La liberté dans ce cas serait celle, pour le frivole, de vivre aux dépens de l'économe. Peut-on soutenir que cette licence soit juste ? Ce raisonnement acquit le succès. Avec le même bonheur M. Viviani prouva qu'ignorés en vingt-sept mille communes, les Mutualistes ne sauraient par leurs moyens, organiser les retraites ouvrières dans les trente-deux mille mairies. Irréfutable, il mit en défaut la méthode allemande et la méthode belge pour satisfaire aux nécessités françaises. Il condamna le recours des foules à l'Assistance, cause de la sollicitation électorale, et de la résurrection, sur notre sol, de la vieille clientèle romaine rôdant autour des hommes publics, attendant le salaire de ses votes, avilissant toutes relations politiques entre les citoyens et leurs élus.

Emus dans leurs fauteuils, sous les lumières symboliques du lustre éclairant leur crâne ou leur chevelure grise, les sages connaissaient l'ignominie de ces clientèles. La franchise de la voix évoquant ces possibilités d'abjection publique trouva mille échos. Les bravos s'envolèrent vers l'indignation de cet homme jeune et simple qui vibrait dans sa veste.

Le discours touche à sa fin. Le ministre saisit une dernière fois, à deux mains, les liasses attestant la vérité de ces déductions, et qu'une chemise violette entoure. Il les glisse dans le portefeuille. Il se cambre dans son gilet clair. Devant la gorge, les deux poings fermés se joignent pour manifester toute l'énergie avec laquelle son esprit a saisi le complexe du problème social, l'a trituré, serré, réduit à une forme maniable et ductile.

M. Viviani lève, tel l'évangéliste annonciateur, un doigt au ciel. Il penche son visage aux saines couleurs, et son front têtu que découvrent les mèches noires. Avec les phrases, tout l'être darde sa pensée vers l'amphithéâtre de messieurs graves, chenus, illuminés par le lustre énorme et radieux. Le sénateur qu'ornent des frisures grises et une moustache de matamore tend son nez qui flaire. Celui dont la tête sphérique se pare de bésicles monstrueuses examine soigneusement l'orateur qui le convainc par une thèse imprévue certes des l'Hopital, des Molé, des Colbert, des fantômes en marbre solennel, là-bas. Le vieillard à la lèvre rasée et à la barbe en collier, aux cheveux rejetés sur la redingote, approuve, fier d'avoir compris. Arborant une mine très intelligente, il croit aussi, pour le moment du moins, que cette innovation capitale dans l'histoire des

Sociétés modernes aidera, comme M. Viviani le proclame, l'éducation des pauvres, puis « dissipera dans les cerveaux souffrants les rêves de révolte et de destruction ».

Avec les applaudissements, ces mots résonnent par delà l'amphithéâtre jusque dans les tribunes profondes entre leurs colonnes. L'écho revient, emplit cette salle, se heurte au décor palatial des murailles, vibre dans l'air qui grise un peu le demi-cercle de sages siégeant sur leurs fauteuils curules. L'huissier, que cuirassent tant de médailles outre sa chaîne d'acier, se lève lui-même. Il souhaite voir mieux le jeune ministre développer sa péroraison debout devant l'auréole faite par la couronne de bronze cernant les initiales de la République.

« Le dur labeur que nous accomplissons nous vaudra-t-il la reconnaissance de ceux qui en bénéficieront ? Qu'importe ! Nous n'avons pas besoin pour agir de la gratitude des foules. Il nous suffit d'avoir collaboré, par un effort éphémère au progrès éternel ».

Allusion à l'ingratitude des simples pour le désintéressement des prophètes, et qui suscite de l'enthousiasme.

Quittant son auréole, M. Viviani descend animé, avec de la malice à la lèvre sous sa petite moustache en ogive. Il reçoit les félicitations de M. Briand, sombre et long, de M. Millerand, solide en ses larges épaules, en sa grosse tête d'argent. Le murmure d'une discrète ovation suit l'orateur dans les galeries somptueuses jadis imaginées à la gloire de Marie de Médicis, et peintes alors par Rubens. M. Viviani y savoure la victoire qu'a largement confirmée le vote de l'obligation, et celui des dispositions accessoires malgré les efforts des mutualistes. Une date importante se fixe dans l'histoire sociale de la France. M. Viviani est un visage du Futur.

XXI

LA PLACE DU FOSSÉ

Pendant les années 1909 et 1910, j'ai, comme bien d'autres, reçu plusieurs invitations à poser ma candidature en divers départements. Bien qu'il m'ait fallu décliner ces offres très flatteuses, je dus, au préalable, examiner l'état politique de quatre circonscriptions. Les progressistes m'y parurent les plus tourmentés, les plus véhéments. Afin de débaucher les zélateurs du député radical-socialiste ou socialiste, ils emploient toutes leurs énergies morales, toutes leurs séductions matérielles. Loin de mettre à profit les équivalences des programmes bourgeois pour enlever au réactionnaire une moitié de sa clientèle électorale, appoint suffisant, ils s'évertuent à la frontière du camp opposé où leur chance de persuader s'est évanouie. Comment ces esprits mûrs, économistes ou sociologues, ne voient-ils pas la place exacte du fossé qui divise la France ; et, qu'ils se trouvent à droite et qu'à vouloir repasser sur la gauche, ils risquent de périr ?

En effet, les prétendants apparaissent aujourd'hui comme des fantômes près de se dissiper. La République est plus solide que le granit de nos falaises bretonnes. Il ne subsiste aucun danger réel de restauration cléricale, bonapartiste, royaliste. Ceux qui feignent de croire à ces balivernes le disent, à droite par snobisme, et, à gauche, pour rappeler les servitudes anciennes en nous félicitant d'être affranchis. Donc si les progressistes se joignaient aux gens de droite, ils n'auraient point à redouter le scrupule de trahir la République. Illusion historique à part, les uns et les autres défendent le principe de la propriété intangible, du capital souverain, du revenu sacré, de l'héritage à transmission complète. Et c'est là, parbleu, l'essentiel des programmes royalistes, bonapartistes, nationalistes, libéraux, progressistes.

Au contraire, le fossé chaque jour s'élargit entre ces économistes conservateurs et les économistes socialistes. Sur ce bord de la crevasse profonde, à gauche, nous prêchons, en somme, la métamorphose plus ou moins lente de la grande propriété industrielle, agricole et capitaliste, en propriété commune. Nous allons demander l'association formelle entre le Travail et le Capital. J'ai moi-même préconisé, il y a longtemps déjà, une modification à la loi des Sociétés, modification exigeant que les ouvriers, ingénieurs et commis, nomment un ou plusieurs des administrateurs appelés à régir, avec égalité de pouvoirs, les destins de la Compagnie. Le gouvernement se propose de faire aboutir, lors de la prochaine législature, un tel projet. On finira bien aussi par voter l'impôt sur le revenu. L'héritage semble fatalement voué à nantir l'Etat de ressources meilleures pour les œuvres de solidarité sociale. L'ensemble de ces réformes paraît en contradiction flagrante avec les doctrines économiques des progressistes, et même de quelques radicaux. Dès lors on ne conçoit guère que ces partis de centre s'obstinent à vouloir dominer la gauche, quand ils s'entendraient si bien avec la droite. Que signifierait, au second tour, l'abdication réciproque d'un progressiste et d'un radical-socialiste ? Comment l'un pourrait-il réaliser les espoirs des électeurs ayant voté pour l'autre au premier tour de scrutin ? Ce serait vraiment une combinaison absurde. Au contraire, si le progressiste ne s'engage devant les électeurs du royaliste à ramener le prince, il peut du moins s'engager sincèrement à maintenir les lois qui conserveront un temps, les principes de propriété intangible, d'héritage intégral, de revenu sacré, etc.

Je sais bien que, dans beaucoup de circonscriptions, la tactique électorale républicaine s'inspire d'autres raisonnements. Et je ne prétends pas conseiller aux candidats, dès aujourd'hui, l'application de cette stratégie générale. Qu'il me soit permis toutefois d'invoquer les justes paroles de M. Pelletan qui, dans la *Dépêche de Toulouse*, qualifiait les progressistes de réactionnaires. Au point de vue socialiste, ils ne le sont pas moins que M. Baudry-d'Asson. « Il y a sur les bancs radicaux, écrit encore Paul Deschanel, des hommes qui, en réalité, sont des conservateurs ».

J'imagine qu'avant peu d'années cette fusion des vrais partis conservateurs s'opérera naturellement. Le légitimiste et le radical timide sacrifieront leurs inimitiés anciennes au même souci de protéger, contre nous, les apanages et privilèges du gros propriétaire, du capitaliste. Alors ils rendront un hommage loyal à la vérité. Il n'y a rien de commun entre M. Adolphe Carnot et M. Jaurès, même s'il remplaçait demain M. Briand. Pour l'honneur de la politique française, il importe qu'un jour ou l'autre, tous deux le reconnaissent. L'entente momentanée sur le Principe de la Représentation Proportionnelle, n'est qu'un accident.

Notons qu'à l'heure où M. Ribot ayant passé au Sénat il convint d'élire son successeur, cette fusion des conservateurs s'accomplit dans le Nord, au détriment provisoire de M. Levy Ulmann, l'éminent jurisconsulte, radical-socialiste. Nous assisterons, dans l'avenir, à des combinaisons analogues. Tout le monde le sent bien.

La lutte n'est plus entre les princes et le peuple.

Elle s'accentue, chaque jour davantage entre le capital et le prolétariat.

Si les progressistes ne veulent périr, comme influence et puissance, il leur faut recruter à droite les voix qu'ils n'enrôleront plus jamais à gauche. Ouvriers, ouvrières des villes et des champs, vingt millions d'êtres pensants n'attendent plus rien d'eux.

Cela, je l'ai répondu quatre fois aux personnes qui m'exposaient la situation politique dans les départements où elles m'offraient une candidature, en spéculant sur l'alliance des progressistes, après le premier tour de scrutin. Comment nous unir avec les défenseurs de ce que nous souhaitons diminuer, puis abolir ? Le prétendant n'est plus à nos portes avec des foules délirantes que son panache hallucine. Nous n'avons point à nous liguer avec nos contradicteurs pour lui faire face. A Bruxelles, à Séville, les monarques français jouissent agréablement de la vie en sages. De temps en temps, et par courtoisie envers leurs amis, ils feignent de se prendre au sérieux. Le prince écrit alors des choses vagues et contestées, qui deviendraient ridicules si elles ne semblaient d'abord vagues et contestables. En quoi est-il nécessaire, pour riposter à ces mandements, d'abdiquer, les uns, notre idéal de justice sociale, les autres, leurs convictions d'économistes didactiques. Ces deux thèses et leurs conséquences paraissent, en 1910, les seules qui vaillent la discussion, le conflit, et même, s'il fallait, la guerre sociale. Tout le reste n'est que littérature. Il sied vraiment d'enfouir au grenier le sabre, le goupillon, le trône, l'autel et tous les épouvantails démodés. Le réel devient autrement sublime. Il s'agit de savoir si le prolétariat créateur de tout, doit, ou non, recueillir indéfiniment rien de la joie humaine, et si l'armée doit être mobilisée pour empêcher quelqu'autre exécution d'un Ferrer, ou pour assurer indéfiniment la quiétude des actionnaires à qui les grévistes demandent un partage de bénéfices. Il s'agit de savoir si la France fera au vingtième siècle la révolution sociale en ébranlant le monde par le chant de la « Marseillaise », ou si elle continuera de croupir et de s'amoindrir entre les formidables croissances des nations rivales.

XXII

« LA RÉGION »

Des projets que les ministres promettent aux travaux de la Chambre, celui de la réforme administrative ne sera pas le moins propice aux surprises. Avec beaucoup de clarté, dans la brochure qu'il intitule *Vers la Démocratie*, M. Henry Bérenger explique la transformation nécessaire de la politique départementale en politique régionale. Après avoir calmé les plaintes anachroniques de ceux qui entrevoient, dans cette métamorphose, le retour aux institutions de l'Ancien Régime et à la vie séparatiste des provinces ducales, après avoir démontré que les express, le télégraphe et la coutume des échanges ne permettent plus ces autonomies absolues des grands fiefs, autonomie d'ailleurs surveillée, sans cesse amendée par les représentants du monarque et du pouvoir central, le directeur de l'*Action* accepte que la France se divise en une quinzaine de parties confiées chacune à la sagesse d'une sorte de conseil général accru en nombre. Hors de sa compétence resterait naturellement la préparation des lois sur la défense nationale, sur les rapports avec l'étranger, sur la justice, l'ordre intérieur, l'éducation de la jeunesse. En revanche, les membres de cette compagnie élue résoudraient tous les problèmes d'intérêt pratique, comme ceux relatifs aux canaux, routes, voies ferrées secondaires, au crédit rural, aux statuts de syndicats ouvriers, agricoles, financiers, industriels en activité dans le ressort de ces chambres. Autrement dit le destin historique et politique de la nation continuerait à dépendre du Parlement, tandis que le destin économique partitif incomberait à la prudence des assemblées provinciales.

On se leurrerait fort si l'on pensait qu'entre les deux espèces de pouvoirs la limite se pourra facilement établir. Les discussions certes seront, à ce sujet, innombrables et laborieuses. Avant tout, il siéra de rechercher quels principes le géographe administratif invoquera pour définir ces quinze provinces et les ceindre de frontières. Opérera-t-on, comme jadis, pour les circonscriptions électorales, selon la théorie exclusivement politique de la majorité triomphante ?

Afin d'empêcher les villes à l'esprit prompt et délié de faire prévaloir leurs idées dans le Parlement, chacune fut, par les gens de l'Ordre Moral, fractionnée en petite zones que l'on accolait à de grandes sections de la campagne voisine. Les électeurs urbains voyaient ainsi leurs opinions subversives noyées dans l'abondance des opinions villageoises, plus dociles, plus férues alors des vieilles traditions. Grâce à un tel système, les conservateurs longtemps étouffèrent la voix des radicaux. Va-t-on, de nouveau, agir selon ce précepte : enclaver le centre industriel aux vœux socialistes révolutionnaires dans le milieu d'une énorme province agricole aux souhaits bonnement radicaux ; ou bien, enliser la ville nationaliste au fond d'une étendue peuplée par des paysans hostiles, antimilitaristes sûrs ?

La justice voudrait que le contraire eût lieu, et qu'on formât, selon le possible, des provinces où l'élément révolutionnaire prédominerait, d'autres où l'élément conservateur tiendrait l'influence, d'autres où la puissance du radicalisme évidemment s'agglomère. Ainsi toutes les forces de la nation seraient normalement représentées avec leurs coefficients naturels, le scrutin de liste aidant.

L'équité malheureusement ne séduit pas toujours les victorieux.

Pour ma part, j'avoue que le principe politique me contente peu. A mesure que nous avançons dans l'ère républicaine, il me semble que les intérêts sentimentaux des partis doivent le céder, de plus en plus, aux avantages réels des populations. L'économie publique doit seule fournir les raisons de la géographie administrative nouvelle. Avant tout, et puisque l'existence de la République n'est plus en jeu, il convient de fournir aux diverses parties de la France un maximum de chances capables d'accroître leur prospérité respective. Aux économistes compétents il appartient de dire si le cadastre officiel de la région enserrerait utilement un ensemble de territoires soumis à des exploitations analogues, ou s'il vaudrait mieux rassembler, dans ses limites, une diversité d'industries, de commerces et de cultures aptes à mettre en jeu l'ensemble des énergies productrices.

Cette alternative suscitera de très graves questions, mille et un problèmes de détail, maintes controverses et des théories multiples. Les uns défendront le plan qui, divisant la contrée en rive droite et rive gauche, choisira les bassins des fleuves, depuis la source jusqu'à l'embouchure, avec leur système de frontières orographiques, leurs exploitations forestières, leurs industries minières et métallurgiques, leurs plaines à céréales, leurs côteaux à vignobles, leurs centres-marchés, leurs préfectures, leurs chemins de fer et leurs ports. D'aucuns préféreront la thèse qui préconise l'encerclement d'une monoculture à grande étendue, celle de la Beauce ou de la Champagne par exemple, pour faire concourir uniquement à son excellence tous les efforts d'une race. Spécialistes et syndicalistes affirmeront, prouveront leurs motifs. Celui-ci va déclarer que l'Algérie seule aura le droit d'agréer ou de rejeter l'offre des capitalistes internationaux, prêts à l'exploitation minière de l'Ouenza. Celui-ci va soutenir que, si les compagnies anglaises retrouvent, en Auvergne, les gisements d'or gaulois qu'elles y cherchent, l'Etat devra sur-le-champ accaparer les veines du métal précieux pour les besoins du prolétariat, en indemnisant de quelque façon les prospecteurs. Au contraire, les fédéralistes revendiqueront, en faveur de Clermont-Ferrand, le monopole de cette mise en valeur miraculeuse.

A cela probablement s'ajouteront des querelles sérieuses qui discuteront les rapports des provinces avec l'étranger. Ainsi la Normandie et la Bretagne vendent à l'Angleterre le meilleur de leurs fermes ; les métallurgistes de l'Est s'entendent avec leurs collègues allemands pour s'assurer les réserves de houille nécessaires à la création de la fonte ; les départements vinicoles du Midi attendent leurs bénéfices, et qui vont s'amoindrissant, de l'accueil fait à leurs tonneaux et à leurs bouteilles en Amérique latine. L'autonomie de ces « Régions » ne permettra-t-elle pas à leurs citoyens de mener des campagnes ardentes, efficaces, utiles pour eux et fâcheuses pour la direction générale de notre politique extérieure ?

En résumé, il y a tout un gros volume à composer fort soigneusement sur la « Région » avec le concours des économistes, des historiens, des parlementaires et des diplomates. Je n'ai pu signaler les questions de races, de religions, les survivances ethnographiques et historiques, les bilans des budgets provinciaux, les statistiques d'importation et d'exportation, qui prendraient obligatoirement leur place dans les sommaires des chapitres.

J'ai voulu simplement indiquer aux Représentants du Peuple la délicatesse et la complexité de leur tâche, s'ils entendent consacrer la réforme administrative en lui imprimant les marques de leur savoir et de leur équité.

XXIII

LE SYNDICALISME

ET L'ESPRIT LATIN

Pour un grand nombre d'esprits politiques, la Démocratie doit trouver son expression parfaite dans le syndicalisme légal. On a trop étudié cette forme de groupements depuis le livre de M. Paul Boncour pour qu'il soit besoin d'insister sur les avantages de ces associations corporatives prêtes à régler elles-mêmes les conditions du travail, le tarif des salaires, la hiérarchie des ouvriers, les moyens du contrat collectif offert au patron, fût-il l'Etat. En élaborant le Statut des Fonctionnaires, nos législateurs tentent de créer l'instrument modèle des organisations futures.

M. Hanotaux, dans son éloquent ouvrage, *La*

Démocratie et le Travail, rappelle, comme je le disais tout à l'heure, au séduisant chapitre de la *République professionnelle*, que le syndicalisme régna sur Florence, à l'époque du Dante. Chaque citoyen devait alors s'inscrire sur les rôles d'un *art*. Il n'était de vie protégée qu'à cette condition. Mendiants, infirmes et tire-laine se trouvèrent soumis à la même contrainte. Le Dante prenait rang au nombre des Apothicaires. Ces *arts* formaient, comme plus tard aux Pays-Bas, les unités de la milice, lesquelles ne manquaient pas d'appuyer, le glaive au poing, la lance en arrêt, l'arbalète tendue, une opinion très chère que menaçait la controverse. Les Annales de Florence relatent les innombrables querelles de métier à métier, et celles non moins véhémentes qui divisaient les membres de la même corporation. Trop fréquemment les sectes ainsi constituées se battirent dans les rues, mêlèrent leur sang à l'eau des ruisselets, incendièrent les demeures où se tenaient les conseils, et, pour ennoblir leurs haines intestines, les fardèrent avec des idées relatives, en apparence, au patriotisme historique, aux alliances souhaitables, aux guerres nécessaires, aux seigneurs admissibles, aux traîtres détestables, aux cités rivales.

Dans Byzance, déjà, les corporations avaient, au

cours du IXe siècle, joué des rôles analogues. Foulons, parfumeurs, orfèvres, maquignons et cochers, marchands de soies, débardeurs, marchant avec les icones de leurs saints patrons, s'écharpèrent sous des prétextes. Le Nicéphore qui détrôna la grande Irène, un moment fiancée à Charlemagne, dut sa proclamation aux foulons et aux cabaretiers que rémunérait leur clientèle militaire. Or celle-ci redoutait la transmission de ses grades aux guerriers francs, une fois l'union consommée des souverains et des empires. Ces apprêteurs de laine, ces échansons de cavaliers empêchèrent l'unité de l'Europe, et, sans le savoir, maintinrent le principe de la guerre furibonde entre les peuples.

L'histoire nous prêterait mille exemples de cet esprit agressif et infiniment divisible que les syndicalistes méditerranéens d'autrefois ne purent calmer dans le sein de leurs compagnies. C'est ainsi que les bouchers au quinzième siècle et les corporations émules exaltèrent leurs haines sous les insignes des Armagnacs, des Bourguignons. Drapiers, épiciers, pelletiers, bonnetiers, orfèvres, se disputèrent infiniment les préséances et les privilèges durant le Moyen Age et la Renaissance. On les trouve dans tous les procès, dans toutes les émeutes. Le pouvoir royal doit intervenir sans cessé dans les querelles intérieures pour l'accession des apprentis au compagnonnage, et des compagnons à la maîtrise, pour la reconnaissance des jurandes. Du temps de Henri III, ces divisions furent telles qu'au faubourg Saint-Antoine toute une population ouvrière se retranchait, refusait de prendre place sous quelque bannière que ce fût, et résistait aux injonctions du roi. En vain le génie de Louis XI avait-il reconstitué tout le statut des corporations, affermi le pouvoir des jurés commis au soin de la justice professionnelle en chaque métier. Nous savons combien ces institutions suscitèrent de critiques, et comme le prolétariat français, devenu leur adversaire, favorisa les gens du Tiers, fauteurs de la Révolution qui, dès 1791, abolit toute l'organisation ancienne du travail.

Aujourd'hui l'ouvrier demande la résurrection de ces forces corporatives, parce que dépourvu de protection légale, il a souffert, pendant tout le dix-neuvième siècle, de l'exploitation intense que l'industrialisme et la théorie anglaise de l'enrichissement, source de toutes les grandeurs nationales, ont imposée aux foules laborieuses. Le remède est-il excellent ? Oui, sans doute, pour les prolétariats du Nord, pour les races à l'esprit solidaire, comme aux Iles-Britanniques, comme aux Etats-Unis, et pour les races à l'esprit discipliné, comme aux pays germaniques. Non probablement pour les prolétariats méditerranéens, ceux des races à l'esprit individualiste et sentimental.

La réforme effectuée, n'est-il pas à craindre que le secrétaire et le bureau d'un syndicat n'encourent les reproches faits jadis aux maîtres et aux jurés ? D'autre part, certaines grèves déjà furent déclarées pour obtenir le renvoi d'un ouvrier indocile aux prescriptions de ses camarades. Celui qui besogne avec trop d'assiduité, par exemple, devient souvent l'objet de blâmes que lui vouent ses compagnons moins actifs. Mille causes diverses engendreront de pareils dissentiments. Dès que le syndicat aura conquis son existence légale et indépendante, il s'attribuera le pouvoir, sinon de choisir ses membres, au moins d'exclure ceux qui ne satisferont point aux vœux de la majorité. Ces exclus, que feront-ils ? L'esprit latin n'est pas épris de la solidarité qui persuade le personnel des Trade-Unions, qui l'engage aux concessions réciproques, à l'entente malgré tout. L'esprit latin n'est pas ami de la discipline qui réduit le contradicteur allemand, dans la plupart des cas, à l'obéissance finale devant l'ordre d'un secrétaire ou d'un président.

Les Yankees aiment citer l'aventure bien connue de ce petit propriétaire habitant une ville de l'Illinois, je crois. Ayant constaté le triste aspect de sa porte, ce brave homme acheta un pot de couleur et la blanchit lui-même de haut en bas. Aussitôt l'Union des peintres en bâtiments envoya un délégué qui, constatant le fait, invita le peintre improvisé à s'inscrire sur les listes de l'Union et à payer la cotisation. Refus du propriétaire, d'ailleurs pauvre, économe et libertaire. L'Union le désigna partout. Lorsque vint l'hiver, la toiture de la maison fut endommagée par le poids de la neige. Le bonhomme ne put obtenir d'un couvreur qu'il consentît à la réparation. On en appela des villes voisines. Les mandataires de l'Union furent attendre ces voyageurs à la gare, leur expliquèrent le cas, leur payèrent une indemnité, les firent retourner. Bref, le propriétaire dut abandonner sa maison. Jamais un tel exemple de solidarité ouvrière ne serait, en France, à signaler. C'est pourtant la vertu qui rendit les Unions américaines puissantes. Ici, le propriétaire eût embauché vingt bricoleurs pour réparer son toit, à supposer même que les couvreurs ordinaires se fussent dérobés.

Dépourvus de solidarité, de discipline, les syndicalistes français retomberont-ils dans les désordres qui perdirent les corporations de jadis ? Il suffit de songer aux vingt dissidences manifestes dans le Socialisme Unifié. Il suffit de calculer qu'un million d'ouvriers à peine se coalisent sur douze millions de travailleurs manuels. Fils de mœurs et d'idées latines, le Français ne subordonne pas volontiers son individu aux exigences de l'entente corporative. Aussi les rebelles seront-ils nombreux. Exclus des syndicats, ils formeront en dehors un peuple de Jaunes nouveaux. Par mille infractions et licences, ils perpétueront une concurrence terrible aux syndicats légaux. Ceux-ci n'auront guère d'existence normale que dans les grandes villes et les centres d'industrie. Ce serait déjà beaucoup.

XXIV

LES MURS DE BYZANCE

A Constantinople, les Jeunes Turcs ne découragent pas suffisamment les imbéciles qui, sous prétexte de frayer le chemin des automobiles, prétendent renverser les murs de Byzance. Pourtant l'Islam vainqueur, jadis, les respecta. Nul des Sultans n'osa toucher à ces imposantes armures de pierres qui avaient, tant de siècles, protégé les élites gréco-romaines, mères de tout l'art catholique orthodoxe et maure, de toute l'administration et de toute la jurisprudence qui régissent l'Europe et l'Amérique, de tout le luxe liturgique, de toute la diplomatie grecque adoptée par les Sultans, de toute la tradition que l'Empire russe perpétue, de tout l'esprit que l'humanité nomma la « Renaissance » et qui transforma les idées générales, inspira Michel Ange, Le Vinci, Montaigne, Corneille et Racine, poètes selon la manière rêvée par Anne Comnène dans son palais Bucoléon ouvert sur la Corne d'Or.

Jusqu'à ces derniers temps, l'histoire fut injuste pour Byzance. On n'a point dit assez quel génie renfermèrent ces hautes murailles crénelées, bastionnées, ornées par les lignes des cyprès qui, solennellement, les bordent. Un des premiers Courajod démontra que l'esthétique de la Renaissance était venue du Bosphore avec les Grecs chassés de leur patrie par les invasions bulgares et turques. Aujourd'hui, l'on enseigne que l'art mauresque de Grenade est celui de la Syrie byzantine à peine modifié selon les conceptions des émirs. Le grand penseur arabe Averroës ne fit que traduire les sciences alexandrines en honneur dans Constantinople. Les fameuses hérésies, discutées sous les voûtes de Sainte Sophie ou des Saints Apôtres, contiennent en germe, sous la symbolique orthodoxe, la philosophie de Spinoza, de Kant et de Hegel. Quand, au XVIe siècle, les jésuites portugais pénétrèrent dans Pékin ils voulurent y fonder une église catholique. Les mandarins objectèrent qu'une cathédrale nestorienne déjà s'y dressait depuis longtemps. A travers l'Asie, de la côte syrienne au Petchili, les Grecs de ce rite avaient, depuis le vɪᵉ siècle, mené des caravanes chercheuses de soieries, d'étoffes, de broderies et de bronzes. Les explorateurs aujourd'hui retrouvent les traces de ces longues étapes commerciales. Ce sont quelques survivances de l'iconographie chrétienne au Thibet, sur les routes qui traversent ou longent le désert de Gobi.

Gengis Khan et Tamerlan réussirent les séries de leurs conquêtes avec le concours d'ingénieurs byzantins qui dirigeaient les sièges. Des stratèges conseillaient les marches des armées mongoles prenant à revers les Sarrasins menaçants pour l'Empire des Basileis. De ces exemples, les Turcs déduisirent ces théories militaires qui les firent triomphants jusque sous les murs de Vienne. On n'en finirait pas de citer les arts, les sciences, les philosophies qui se formèrent dans la mentalité byzantine. Les premières œuvres du Giotto semblent quelques pures imitations des images saintes ornant les murs des églises grecques. A Padoue, les anges du Jugement Dernier sont des chérubins d'icone ; si le peintre dégagea de la rigidité byzantine les apparences des personnages, c'est à l'esthétique des Caloyers qu'il emprunta les lignes de la nouvelle perfection. Simon Vouet, le maître de Lenôtre, connut dans Constantinople les jardins des empereurs grecs, en partie conservés par les Sultans. Les buis taillés de Versailles furent les copies de ces types anciens. Dans les ifs touffus, les jardiniers des Isauriens avaient, au IXe siècle, merveilleusement sculpté les effigies d'anges annonciateurs, d'animaux angéliques. Ainsi l'esthétique de notre XVIIe siècle, procède, à peu près des idées byzantines italianisées, intronisées par les Médicis à la Cour des Valois. Nous devons aux âmes des Comnènes notre esprit classique.

Nos amis russes doivent leur unité, leur religion et leurs coutumes à la dynastie macédonnienne de Léon Philosophe.

Tant de présents ne valent-ils pas que nous manifestions de la gratitude pour les murailles bâties par Théodose II ? Protectrices des élites grecques élaborant le meilleur de notre intelligence, ces pierres furent, dix siècles, l'inexpugnable centre du camp retranché où se réconforta la puissance de la civilisation bien en peine d'arrêter les incursions des barbares sibériens, scandinaves et arabes. Cependant elle sut changer, au cours de guerres constantes, les bandits hâlés d'Omar, les pillards Huns de Gengiskhan, les Roughs d'Oleg peu à peu en compagnons chevaleresques de Saladin, en nobles Osmanlis de Bajazet, en boyards de Dimitri Donskoi. Cela par l'influence des transfuges, des ingénieurs, des captives, des marchands, des navigateurs, des apôtres et des médecins grecs.

Dans leurs revues les plus éclairées, des Jeunes Turcs rappellent ces phénomènes de l'évolution historique, et que la brèche faite à travers les murs de Byzance par Mahomet II fut longtemps un lieu vénérable pour l'Islam soucieux de sa propre gloire. Attestant l'importance d'un pareil sentiment national, les publicistes musulmans demandent la conservation intégrale des murailles que la bravoure des Turcs força, le 29 mai 1453. Seul, avant eux, Baudoin, de Flandre, avec les soldats de la quatrième croisade, avait franchi l'enceinte de Théodose, puis fondé, derrière les bastions, un empire latin qui dura près de soixante ans. Ne semble-t-il pas que le souvenir encore de cet empire nous rendra plus cruel l'anéantissement des remparts mémorables ? Russes et Méditerranéens ne doivent-ils pas se joindre à l'élite des Jeunes Turcs pour sauver ce monument essentiel du génie humain ?

Malgré les complications actuelles de leur politique intérieure, malgré les luttes contre le pouvoir civil et les forces militaires, les Athéniens aussi protestent. Ils accusent le radicalisme ottoman de menacer, plus que ne l'eût fait le Sultan déchu, toutes les survivances de la grandeur byzantine ; la leur. Ils s'opposent à ce vandalisme, comme ils s'opposèrent déjà, de toutes leurs forces, à la réduction des privilèges politiques obtenus par leurs patriarches dès la conquête de Mahomet II. Privilèges qui garantissent aux races chrétiennes une protection légale contre l'arbitraire des musulmans inférieurs, ignorants et fanatiques. En effet, sous couleur d'entreprendre, à l'instar du radicalisme occidental, la séparation des Eglises et de l'Etat le gouvernement Jeune Turc essaya, naguère, de suspendre ces privilèges. Ainsi il eût soumis Grecs, Bulgares et Arméniens au droit commun, c'est-à-dire sinon dans les villes, du moins dans les campagnes, aux vexations de fonctionnaires musulmans mal instruits de l'équité philosophique. Les écoles des diverses nationalités chrétiennes se trouveraient ainsi livrées aux caprices d'inspecteurs subalternes moins libéraux que leurs chefs de Constantinople, et, par cela même, très redoutables. Bien que le grand vizir ait rassuré le patriarche au cours d'une audience, les grecs s'alarment. Et ils considèrent volontiers la destruction des remparts byzantins comme un symbole de leur prochaine humiliation.

Donc et aujourd'hui même, les murailles de Théodose défendent la plus respectable des idées.

Dans ces vieilles pierres brunies par les siècles et les feux des assiégeants Avares, Bulgares, Perses, Arabes, Latins, Turcs, la foi patriotique de la race héllène élit un blason. Elle souhaite ne pas voir s'abîmer ce vestige de sa force créatrice, et de son courage légendaire qui, dix siècles, arrêta les Barbares, qui civilisa les peuples. Car les mosquées du Caire sont érigées sur des colonnes grecques ; car les moujiks ornent encore leurs touloupes d'hiver avec les broderies à la mode sous les Sébastocrators ; car le Tsar est le César délégué par les Basiléis pour gouverner les races orthodoxes ; car, dans le luxe liturgique de nos cathédrales, l'art byzantin illumine la dévotion des fidèles, comme la rhétorique et les sentiments des Comnènes s'exaltent dans les vers de Polyeucte, dans les plaintes d'Hermione.

Toute la civilisation des siècles chrétiens proteste contre la destruction de ces murailles derrière lesquelles s'affirma l'excellence de la mentalité européenne.

XXV

LA MODE INTERNATIONALE

Depuis Watteau et ses personnages séduisants, la grâce de vivre pour plaire ne fut jamais plus objective qu'en ces dernières années. Sur les plages à la mode, sur les terrasses des splendides hôtels dominant les villes d'eaux, leurs montagnes voisines, l'élégance atteint chez les femmes, au jour de soleil, une apogée. Quelqu'un d'avisé le remarqua : cette élégance se substitue à la beauté. Une créature de lignes parfaites, de teint clair, de marche robuste, contente moins qu'une personne onduleuse en gaîne bien choisie, et de qui les gestes enchantent par leurs essors faciles, leurs élans contenus à point. Des tuniques aux pentes fluides coulent le long d'échines longues et souples. Les robes ne sont que voiles sur le galbe d'une ligne sévère. De son visage à son corps, l'attention de la coquette passe. Jadis, la plupart divisaient leurs soins. L'esthétique de la figure occupait surtout. On sanglait la taille. Au-dessous de la ceinture, tout était bien si la cloche des jupes battait sur la marche d'après les rythmes à la mode. Presque toutes les femmes étaient bien partagées en trois zones indépendantes. Le chignon n'avait rien de commun avec la crinoline, le corsage avec les bottines ni la toque. Récemment apparut le souci de servir l'unité de l'être par le dessin général de la toilette. Ce souci antique ressuscite peu à peu depuis dix ans. Son adoption favorise l'élégance au détriment de la beauté.

En effet, la perfection est rare, si l'observateur analyse, point à point, les qualités, puis tente d'accorder leurs mesures diverses en une qui les totalise et leur équivaille. Au contraire, si l'on commence par juger de l'ensemble, si l'on néglige les détails, leurs différences de valeurs, les disproportions choquent moins. Une main banale, un nez impudent, une poitrine plate, gâtent à peine l'impression que laisse une sveltesse agile sous une chevelure arrangée en couronne heureuse. L'élégance donne à toute femme non difforme la faculté de produire ces harmonies.

Les mouvements décèlent l'élégance. Les postures attestent la beauté. On régit aisément les gestes. On les multiplie. On les contraint de mille manières. On les travestit avec les accessoires du costume. On peut les rendre brillants, drôles, suggestifs de mille malices et subtilités. Les postures ne possèdent pas tant de privilèges. Il importe que, tout d'abord, elles communiquent une stupeur d'admiration. Sans cette espèce d'émoi, peu de gens auront la patience d'admirer une à une les parties et leurs rapports. Ils se lasseront. Ils jugeront froide cette manière d'apparaître, ou bien hautaine et ridicule. Une supériorité trop évidente atterre. Qu'un rien manque à la perfection, qu'un ornement se déplace, cette beauté devient comique. On ne lui commande pas. Il reste malaisé de la rendre, par l'artifice, plus aimable. Avec de l'art et de l'esprit, on se fait, à la longue, élégante. La beauté ne s'acquiert point. Il n'est pas de mérite à la détenir. Elle émane de causes divines lointaines et inconnues. Elle révèle la passivité. L'élégance résulte de l'activité.

Ainsi d'ailleurs s'explique la suprématie que l'élégance acquiert de nos jours comme aux époques des vies complexes. Tels le temps de l'Empire romain, celui de la Renaissance. Comme la nôtre ce furent les ères du travail véhément. On se précipitait aussi vers les réalisations prématurées. Les ambitions étaient positives, et, pour chacun, multiples. Or, l'élégance emprunte aux résultats des labeurs divers ses avantages. Des sciences elle obtient ses parures. Des arts elle copie les façons, les mines, les arrangements, les attitudes. Des philosophies comparées elle tire son scepticisme négateur et indulgent. Des littératures elle obtient ses perspicacités habiles à séduire toutes sortes d'esprits et de caractères. L'élégance ne peut naître qu'au milieu d'aristocraties empressées, curieuses et savantes. Une race commence à se définir dans le simplisme de la beauté naturelle aux animaux libres, chasseurs et hardis. Le peuple se développe, de la phase pastorale à la phase commerçante, dans la laideur des efforts sur la glèbe. Puissante, la nation triomphe par le faste, entre les trophées, parmi les amoncellements et la profusion des choses conquises, acquises. L'élite se connaît, se critique, s'apprécie et se savoure dans les élégances complexes comme l'emmêlement des causes qui la grandirent.

C'est l'aboutissement d'une évolution historique. C'est la maîtrise certaine sur le continent asservi par les guerres, les cultures, les industries, sur les politesses, sur les vérités successives enchaînées par l'astuce finale du scepticisme, et changées en préférences.

Cette valeur, une femme gracieuse la symbolise au mieux, lorsqu'elle se dresse, onduleuse et souriante, avec les pierreries des grottes au cou, les métaux précieux des mines aux doigts, les perles et les laines des animaux sur les épaules, les lins de la terre autour du corps, les nuances que la chimie fixa dans la robe. Pour créer cette malice vêtue d'univers, les siècles ont guerroyé, défriché, bâti, falsifié, calculé.

Dans l'espoir d'intéresser les élites élégantes, les hommes, en effet, s'évertuent. Il n'est pas indifférent à M. Pataud que les lèvres railleuses, craintives ou furieuses, le nomment, sous les lustres du Faubourg, de l'Etoile, sous les lampes des cercles ou des laboratoires. Le vœu du héros qui risque la mort souhaite aussi l'admiration de cette élite. Et l'ambition du poète la souhaite aussi, et celle du savant, et celle du financier qui lie les forces productives des Etats. Car la beauté peut être sotte. On ne conçoit pas l'élégance niaise. L'élégance du costume est un art. L'élégance de la vie est une morale. L'élégance de la parole est une intelligence de tout. De ces artistes, de ces moralistes et de ces perspicaces, l'ambitieux veut séduire l'attention à défaut de l'approbation. On aspire même à leur haine. Leur indifférence anéantit. Tant d'hommes exigent de leur destin l'avantage de paraître au milieu de ces élites illustres par l'élégance des manières ou des pensées que, sur les continents, pour cet avantage, les forgerons de la richesse et les apôtres des idées multiplient leurs efforts prodigieusement. Jamais l'histoire n'a relaté une ardeur de production aussi générale. L'Amérique et l'Allemagne ont, en moins de trente ans, doublé leur valeur. Quiconque gagne, dans ces pays, dépense aussitôt les bénéfices afin d'acquérir l'élégance du goût, l'élégance de l'esprit. La classe moyenne partout s'efface. Elle tend à disparaître. L'ancien bourgeois, économe, prudent et affublé, se métamorphose en sportman, en touriste et collectionneur. Dans les hôtels des villes d'eaux et des cités glorieuses se rencontrent des courtiers en vacances qui s'habillent comme des diplomates, conversent comme des encyclopédistes, et payent comme des trustees. Qu'ils arrivent de l'Argentine, de la Westphalie ou de la Syrie, l'élégance pareille de leurs aspects, puis de leurs propos les rassemble. Pour devenir aptes à se grouper selon cette mode, ils abandonnèrent les traditions des aïeux. Ils associèrent les initiatives jusqu'alors éparses. Ils firent surgir, sur les deux mondes, les usines, les voies ferrées, les bourses. Dans l'Océan ils lancèrent les paquebots. Ils ont attiré au cœur des villes les foules des campagnes par l'appât des salaires. Ils ont ressuscité les grands courants d'immigration qui, de l'Orient vers l'Occident, portèrent autrefois les envahisseurs barbares, et qui, maintenant, portent les multitudes émigrantes de Hambourg à New-York, de Gênes et de Santander à Montévidéo. Les ambassadeurs réclament de leurs Parlements des armées, des flottes invincibles pour soutenir les intérêts de ces négoces. L'humanité tente un effort inouï de toutes les histoires, afin que des bourgeoisies germaniques, méditerranéennes, créoles et américaines puissent se croire en possession de l'élégance complexe souveraine, trophée de la civilisation.

XXVI

LES ÉPOQUES AU LOGIS

On a parcouru toutes les expositions de printemps. Ce n'est plus dans leurs cadres d'or, mais dans la pure clarté du soleil que l'on apprécie les vigueurs du jeune feuillage épanoui et les nuances renaissantes de l'étendue. Toutefois, des nobles dames en postures historiques ou simples le long des cimaises, il nous reste quelques souvenirs de caractères et de décors agréablement unis par le goût des peintres. Voilà le meilleur des expositions. Elles nous incitent au plaisir d'accorder, selon ces exemples, notre demeure avec notre individualité, après nous avoir mieux instruits des beautés que certains agencements de lignes et de couleurs.

Point n'est besoin d'avoir tenu le pinceau pour

devenir l'égal de ceux qui composèrent ces ensembles. Quiconque s'attache à parer son logis, fait de chaque pièce un tableau en relief, si l'on peut dire. Il y a souvent plus d'art dans une chaumière aux bahuts bien cirés, dans un boudoir aux tentures bien choisies, que sur mille et mille toiles brossées avec orgueil par des peintres médiocres. Je sais peu d'œuvres, dans les Musées même, qui puissent, comme l'intérieur de l'hôtel d'Essling, satisfaire un esprit à l'esthétique sévère. La comtesse de Béarn, en imaginant l'escalier, la salle à manger, la bibliothèque ronde et le jardin à l'italienne de sa demeure, a composé un chef-d'œuvre comparable aux plus complets que l'on sache. Lorsque nous visitons Anvers, la maison de l'imprimeur Plantin, aussi, nous attire comme une série d'eaux-fortes éprouvées sur les cuivres de Rembrandt. Au hasard, je cite ces types de perfection. Qui n'en dénombrerait cent autres incontinent ?

Avec de la patience et du discernement, il n'est pas un homme, pas une femme de l'élite qui ne réussisse une œuvre de cette espèce. L'étude nécessaire ne rebute pas. Elle a sa fin immédiate et confortable. Selon que nos penchants nous rendent sympathiques les gens de la Renaissance et leur amour élégant de l'antique, ou les amis de

Richelieu et la rigueur cornélienne de leurs mœurs, ou les courtisans de Louis XIV et le triomphal de leurs façons, ou les voluptueux de la Régence et le naturisme de leurs actes, ou les vertueux de l'Encyclopédie et le simplisme à l'antique de leurs discours, ou les héros de l'Empire et la gloire de leurs attitudes, nous élirons pour y vivre le mobilier cher à l'une de ces aristocraties. Nos recherches atteindront les meubles italiens travaillés comme des monuments de place publique, ou ces grands sièges de cuir et de chêne tournés pour le repos des mousquetaires, ou ces lampas cramoisis recouvrant d'amples trônes en bois doré, ou ces sofas profonds et ces bibliothèques à grillages aimés des encyclopédistes, ou ces armoires à rinceaux et ces petits fauteuils rigides qu'on appliquait contre les lambris, ou ces tables d'acajou massives à trophées de cuivre sur lesquelles s'appuyèrent des maréchaux signataires d'armistices après la victoire.

Ainsi, notre ambiance révèlera tout d'abord au visiteur ce que notre intelligence prétend continuer des mœurs françaises. A nous saluer près d'un cabinet d'ébène aux statuettes d'ivoire, on pensera que nous aimons l'esthétique de Vinci, le pyrrhonisme de Montaigne, l'érudition d'Erasme, les poèmes de Ronsard, et cet ensemble de facultés combatives savantes, subtiles, qui pendant le xvie siècle, formèrent cet homme complet, si rare dans le cours des époques, à la fois bon helléniste, spadassin adroit, amant de dianes au front haut, aux jambes longues, constructeur de châteaux dans les sites merveilleux, alchimiste d'émaux, amateur des ferronneries, conteur licencieux pour un cercle d'amazones latinistes, expertes dans l'usage des parfums et des poisons.

L'ameublement renseigne sur les maîtres du logis. Sa présence d'ailleurs influence leur coutume. Avant toutes réponses, celle du costume qui nous rend dignes de notre caractère et celle du mobilier qui symbolise la culture de notre esprit, doivent obérer plutôt notre budget. Manger copieusement et délicatement, posséder une automobile et perdre au bridge, importent moins. C'est affaire aux croquants que de laisser l'essentiel de sa bourse à la cuisine et sur la table de jeu. Il appartient à l'élite de se différencier en omettant les liesses de la taverne. Boire, manger, jouer, ce sont plaisirs de parvenu. Mieux vaut à un jeune homme mal pourvu, se nourrir d'œufs et de laitage ; mais dépenser tout chez le tailleur et le tapissier. Pour étroit que paraisse l'appartement, quatre photographies de tableaux impeccables, deux chaises et une table en accord avec les rideaux et les livres, afin d'évoquer une même époque, peuvent donner une haute idée de l'adolescent qui nous introduit dans son home, fût-ce une cellule monacale, au sixième étage d'un immeuble bien situé ; tandis qu'au restaurant le plus somptueux, ce jouvenceau se distinguera peu des bookmakers en bonne fortune, ses voisins, et commensaux pareillement habillés, pareillement gourmets.

Une fois choisie l'époque dont nous préférons la mentalité, il sera facile de rassembler, en flânant de magasin en magasin, quelques gravures, quelques ouvrages illustrés, riches en modèles. Entre ces images, d'aucunes captiveront mieux notre goût. Dès lors, il s'agira de restituer leur apparence en acquérant les ustensiles, les meubles et les tentures qu'elles représentent. Deux méthodes nous sollicitent. Convient-il de se mettre en quête, avec le scrupule du collectionneur qui néglige toute pièce moderne ? Admettrons-nous au contraire les bonnes copies de l'authentique ? Sérieux problème ? Soit que nous disposions de sommes considérables, soit que nous visions à constituer un ensemble dont la valeur intrinsèque augmentera avec le temps et deviendra, plus tard, le gage d'une fortune, nous adopterons la première méthode. Voyageant par l'Allemagne et l'Italie, si nous aimons la Renaissance ; par la France et la Russie, si nous estimons le xviii⁣ᵉ siècle ; par l'Espagne et la Hollande, si le xvii⁣ᵉ siècle nous a séduits, nous recueillerons une à une les pièces principales. On aperçoit l'inconvénient. Notre désir se réalisera trop lentement, même si l'opulence nous permet de prendre, chez les marchands célèbres, leurs raretés. Je sais un monsieur qui, depuis trente-trois ans, cherche à travers le monde certaine soupière manquant au service total dont il a réuni l'argenterie de-ci de-là.

D'autre part, nous risquons de ne plus discerner, par l'abus de l'idée fixe, entre le beau et le laid. Quand on pénètre chez un antiquaire éminent, on est surpris par la hideur de maints objets décrits pourtant avec pompe. L'authenticité leur tient lieu de vertus plus indispensables. Le maniaque s'entoure de monstruosités. La collection devient l'ennemie de l'art. Quoi de plus saugrenu que de rassembler sur une même muraille, cinquante tableaux de genres hétéroclites dont les sujets disparates s'opposent avec barbarie, dont les couleurs se nuisent et dont les effets se tuent. A quoi bon ranger cent tabatières à peu près identiques sous une vitrine ? Dans le Musée qui est en somme une annexe de l'école, ces dispositions synoptiques choquent déjà. Dans une demeure particulière elles agacent. L'intrus se demande si le maître de maison n'eut point l'esprit assez fort pour travailler à la fois sur les cannes, sur les tabatières et sur les armes, ou s'il espère devenir le marchand d'un seul genre d'articles. La plupart des archéologues agiraient mieux en se proposant de reconstituer une chambre, une bibliothèque, une salle d'audience, telles qu'elles furent à une date précise d'un siècle déterminé ; et cela en ne négligeant rien, depuis les livres, les mouchettes et les libelles en vogue, jusqu'aux portraits peints par Raphaël, Van Dyck ou Fragonard.

C'est aussi ce que se promettra toute personne en peine de se constituer un appartement digne de soi. Plusieurs artistes copient assez exactement les pièces illustres des vieux mobiliers, aujourd'hui, pour que l'on se contente de cet ouvrage. Il suffira de faire, entre les gravures du passé, une sélection, puis d'obtenir qu'un tapissier esthète réalise l'ensemble. On se mettra vite en quête des menus objets en usage à l'époque élue. Rien d'amusant comme de reconnaître, chez un parent, la librairie d'un ligueur et de l'y complimenter.

Si l'on prend soin de ne pas mélanger les styles, atroce hérésie, de n'accrocher qu'un tableau par panneau, d'agencer les choses en telle sorte que le coup d'œil saisisse, sur le seuil, l'accord parfait entre les lignes, les couleurs et les lumières, si l'on se garde sévèrement de couper les formes d'un meuble en interposant quelqu'autre devant le regard, un chef-d'œuvre, à tout le moins une œuvre sera créée qui l'emportera sur mille et une des merveilles peintes, sculptées pour les expositions printanières ; car nul ne contestera que le Pavillon des Muses orné par l'art excellent du comte Robert de Montesquiou, ne surpasse, en ses aspects intérieurs et extérieurs, les prestiges de tableaux célèbres.

Néanmoins les travaux des peintres et des sculpteurs auront suggéré quelques attitudes gracieuses, et quelques choix d'ameublements propices. Ces modèles inspirent plus nos habitudes que nous ne pensons. Il faut révérer les arts plastiques. Ils commandent nos postures et leurs décors.

XXVII

L'ESTHÉTIQUE DU CIEL

Jusqu'à présent nous célébrions des aubes pures, nous maudissions les nuages gris, nous vantions l'azur, nous chantions la majesté du couchant, et nous admirions religieusement le nombre infini des étoiles. Qu'une sphère blonde s'élevât dans l'air, parfois, emportant une corbeille minuscule et son invisible contenu d'aéronautes, cela nous amusait. A plusieurs reprises nous avons salué d'acclamations les rares dirigeables à forme de baleines, qui surent dûment agiter dans l'atmosphère les hélices de leurs nageoires. Spectacle déjà saugrenu. Logiquement, le ciel pouvait-il se parer de ces monstres empruntés à la vie de la mer, et qui, vers la profondeur du firmament, évoluent avec des grâces de cétacés.

Voici que de longues cloisons parallèles s'envolent quotidiennement. Elles portent aux nues de jeunes héros experts dans l'art de combiner leurs efforts avec celui du vent. L'appareil qu'ils dirigent n'excelle guère par les lignes. Le biplan ressemble trop à une caisse considérable, et qui, loin derrière elle, entraîne une malle carrée. Lorsque cet ensemble obstrue le zénith on ne peut dire que la beauté du paysage s'en trouve accrue. La noble dame endolorie qui lèvera les yeux au ciel pour lui confier, dans une prière muette, les chagrins de son cœur, ne pourra désormais reconnaître l'idéal en ce lieu que traverseront tant de caisses d'emballage stridentes et numérotées. Villiers de l'Isle-Adam a prévu la nuit où les négociants projetteront des lumières ingénieuses, qui, lettres colossales, signifieront la succulence d'un chocolat, les vertus d'une magnésie. Le chantre d'Akédysséril n'avait pas rêvé ce sublime camionnage par les moyens de la brise et des zéphyrs.

Sans tarder plus, il importe que l'on s'occupe de modifier cette apparence du biplan. Ou bien ce sera la déchéance du ciel transformé en une sorte d'immense dock, certes, voûté de bleu, mais encombré de coffres et de ballots volants. Au début de leur gloire, les automobiles n'étaient que d'affreux caissons haut perchés sur leurs trains. Ces sinistres cubes s'en allaient en branlant par la ville au milieu des citoyens consternés. Il fallut un peu de temps pour que les constructeurs se décidassent à placer le moteur en avant, et à prolonger un peu la ligne du véhicule comme le cheval prolonge la ligne de la voiture. Plus tard l'on abaissa la ligne de la carrosserie. Ce fut alors l'apparence du scarabée géant, bossu, bourdonnant, têtu, barrissant, qui gratte nos avenues et nos routes de ses pattes courbes, puis s'élance autour des monts, culmine, redescend et fonce vers la plaine attentive à cet insecte de sabbat lâché par le diable sur le monde afin d'effarer les bonnes gens. Callot n'a rien buriné de mieux pour son « Enfer ».

On sait la merveille de cette gravure où se démènent tant de baroques démons. Oiseaux, sauterelles, quadrupèdes, lanternes, soufflets, ustensiles de toutes sortes prêtent à l'esprit du malin, leurs membres pour terrifier. A l'esprit de l'ingénieur, de même, les animaux les plus divers offrent pour gaînes, leurs formes rigides ou articulées. Le monoplan, déjà, se pare du meilleur que possède le condor, l'albatros. Du premier coup son esthétique atteint une perfection. Il plaît de le voir, dans les airs, poindre, grandir, s'abaisser, s'abattre, en déposant sur le sol ému, la vaillante figure de Blériot. En vérité, ce que mille légendes nous apprirent des Annonciateurs, le monoplan le réalise. Tout à l'heure, il pourra, franchissant la distance qui sépare telle ville sénégalaise de l'Oasis, fondre sur ce village de musulmans et leur en imposer autant que si le prophète d'Allah leur envoyait, de l'empyrée, un ange émissaire. La noblesse élégante de ses lignes, munira de tous les prestiges sublimes l'officier colonial en mission. Il suffira que les chalands à vapeur et leurs canots transportent sur le fleuve, insinuent dans ses affluents les bidons d'essence, outre les pièces de mètres, et plus, le vol de l'aviateur dominera. Sa jumelle aux yeux, l'explorateur découvrira l'inconnu des pays. L'éclaireur remarquera l'agitation des rebelles. Il portera les nouvelles de la colonne en marche à l'état-major. Plus que la locomotive ou l'automobile, l'aéroplane stupéfiera les populations d'Asie et d'Afrique. Ce sera le signe du génie européen invincible comme la force ubiquiste des dieux.

Etonnera-t-il également les âmes naïves, celui qui voguera dans l'air sur les caissons mal agencés du biplan ? Certes non. Il est une espèce d'insectes semblables à la libellule, et porteurs, aussi de deux plans d'ailes. Etroites au point d'attache, sur le corselet, celles-ci s'allongent en ellipsoïdes et se terminent gracieusement arrondies. Une moirure bleuâtre les orne de joyaux changeants. Fin et fuselé, le corps de la machine ressemble assez au long bâtis de fils et de lattes qui relie le stabilisateur et le centre de la machine. Evidemment il faut imiter le petit animal, délice des yeux pour les promeneurs au bord de l'eau, si l'on veut rendre le biplan digne, par l'extérieur de ses destinées. Car, pour la sécurité, comme pour le rendement, ce genre d'aéroplane a paru souvent le préférable. Aux ingénieurs de calculer si les deux parallélogrammes des cloisons, la supérieure et l'intérieure, se transformeraient, sans péril, en ailes ellipsoïdales, si pourraient disparaître ces plans de gauche et de droite qui alourdissent l'ensemble en unissant les deux surfaces, et lui valent un fâcheux aspect de boîte ? Cette seconde condition est déjà réalisée dans plusieurs appareils. Volent-ils moins bien ?

Le biplan doit emprunter ses lignes à la libellule comme le monoplan l'a emprunté à l'albatros, le dirigeable à la baleine. Voilà les trois types aériens qui se joignent à l'antique sphère blonde.

Bien dessinés, menacés d'azur ou de blanc, ou de violet, peut-être d'écarlate, ils ne dépareront pas le décor du ciel. Pensons aux fanaux qui darderont les éclairs de leur acétylène, à travers la nuit, et qui de ces machines feront des météores radieux.

Pour mieux dire, le génie de la France, en créant l'automobile, le submersible, l'aéroplane, donna des frères géants aux insectes. Le torpilleur auparavant arborait déjà cette forme de coléoptères bas sur hélices, ayant ses fractions de cuirasse pour élytres, écussons, prothorax, mésothorax et métathorax. Les croiseurs maintenant dépendent aussi de cette architecture. A manier les tôles d'acier, à boulonner les organes et les armatures des moteurs, l'homme inconscient d'abord, continua la genèse des insectes. C'est dans les listes de l'entomologie qu'il sied de choisir des êtres pareils aux forces courantes, nageantes et volantes fabriquées sur les enclumes du XXe siècle.

L'albatros n'est copié que pour ses lignes. On n'a point imité la matière du plumage. Solides et raides, les ailes de la sauterelle s'apparentent mieux à la texture du monoplan. Le hanneton et le torpilleur présentent les mêmes surfaces lisses, convexes, dures, polies. Au scarabée trapu, et, plus exactement, au scarite du littoral méditerranéen ressemble l'automobile. Ils se divisent, comme le véhicule, en deux parties ; l'une avant qui dirige, l'autre arrière qui contient les organes à réserve d'énergie. Les articulations des leviers mécaniques ne se différencient guère de celles qui, dans la patte d'une sauterelle, secondent la volonté de locomotion. Un ingénieur et un entomologiste en s'amusant, pourraient, sans peine, établir un tableau comparatif où s'opposeraient certaines pièces des machines et certaines parties des insectes. Quelques dessinateurs humoristes n'ont pas négligé ce rapprochement. Les élytres des coléoptères et les ailes à nervures des orthoptères sont presque des métaux aussi bien que les carapaces de leurs membres. On pousserait loin ce jeu d'assimilations.

Donc si les architectes d'aéroplanes cherchent des schémas morphologiques dans la nature afin de régler harmonieusement les épures de leurs ensembles, c'est aux insectes qu'il faudra demander l'inspiration. Une loi supérieure et mystérieuse nous oblige, depuis les origines du mécanisme, à compléter par nos créations les classes de coléoptères. Quand luira le jour où il sera permis d'alléger encore les armatures des appareils, il appartiendra nécessairement aux lépidoptères de nous fournir les splendeurs des papillons sphinx, bombyx et smérinthe. Déjà le monoplan est plus l'amplification d'un « sphinx du laurier-rose » que celle d'un albatros ou d'un condor. Libellules, papillons, peut-être admirerez-vous, un jour, des frères géants et divins qui, parés de vos couleurs, descendront du ciel plus éblouissants vers les fleurs des prairies où vous butinerez.

Vœu téméraire. Depuis bien longtemps les poètes implorent les femmes pour que la magnificence des lépidoptères soit répétée sur les toilettes. Même le frelon qui gronde autour d'une rose, en manteau de loutre et en jupe de velours orangé, ne persuade pas les dames de l'imiter en se composant cette vêture insigne. Une saison, pourtant, le goût des nuances opulentes et harmonieusement assorties ressuscita quelque peu. Elle semble permise, l'espérance de voir les aéronautes s'évertuer aussi pour amender les apparences de leurs nefs, comme les artistes du costume améliorent l'apparat des femmes. Dans les palais de la couture, chez M. Paul Poiret, les mannequins tentent de faire aimer à nouveau, les vêtements que les Françaises du XVIIIe siècle empruntèrent aux Polonais, aux Turcs de leur époque. Ces jeunes filles surgissent moulées en des étuis d'étoffes luxueuses que des brandebourgs sanglent, et qui répètent les plus somptueuses couleurs portées par les papillons. Les mouvements du corps y sont visibles sous le cachemire des Indes, comme sous les broderies de Venise. On y voit respirer, marcher, hésiter, et se cambrer les corps que leur habit recouvre d'un épiderme chatoyant.

Nos aïeules eussent médit de cette franchise, elles qui s'entouraient de crinolines afin de cacher leurs lignes sous ces poulaillers mobiles. Pudeur qui ne leur valait point, au reste, tant de sagesse. Les mémoires nous renseignent à profusion sur les aventures auxquelles n'imposaient d'obstacles ni les paniers, ni les crinolines, ni les châles, ni les chapeaux cabriolets, ni les casquettes à la Bibi.

La sincérité des nouvelles toilettes prête à la totalité du corps la physionomie du visage voilé. C'est vraiment là le meilleur de la mode. Elle rend les êtres plus significatifs. Elle fait de la femme une grande figure éloquente qui s'avoue et qui se chante. Aussi le dessin d'un Paul Poiret serre autour des chevilles la jupe des coquettes engaînées dans ces fourreaux de drap ou de velours. La veste longue coule sur les dos étroits. La ligne de la jambe monte très haut sous les pans. Le buste réduit perd le relief de ses formes. Il semble que chacune de ces élégantes se veuille pareille à une longue plante sous l'ellipse du monstrueux chapeau qui la charge, qui l'empanache, qui l'accable, comme la fleur nommée « soleil » accable sa tige. Pourtant la robe courte assurerait à la marche de la prestesse, si l'entrave du bord n'embarrassait quelque peu les pas, et n'obligeait les genoux à des flexions gracieuses. Qu'un manchon plat en peau de léopard se plisse jusqu'au coude, qu'une coiffure à bandelettes couleur de feu paraisse dans l'ombre du feutre, que les escarpins lacés à rebours portent très bas les coques aiguës de leur ruban, que, droite et souple la nymphe s'avance à la conquête des hommages : voilà tout entière la statue de vie réalisée par les esthètes de la mode.

Ils savent, en outre, mettre le décor de leurs palais en harmonie avec les toilettes de leurs mannequins. Avenue d'Antin l'ornementation à l'antique, telle que la connurent les gens du Directoire, entoure les jeunes femmes habillées de manteaux analogues aux vitchouras des bisaïeules. Un jardin est préparé pour cadre aux robes d'été. Il a son théâtre de verdure, sa closerie, sa treille en rapport avec les goûts anciens qui, vers la fin du XVIIIe siècle souhaitèrent des élégantes en manteaux jaunes bordés de cygnes, puis de hautes dames lentes dans le velours vert aux lignes fluides de leurs longs fourreaux. Ce souci de ressusciter les apparences de la campagne et de la ville en même temps que celles des personnes habillées pour y plaire, atteste la compréhension des lois psychologiques présidant à la naissance des modes. Parce qu'ils vivent au milieu de telles perspectives monumentales ou forestières, les hommes aiment que leurs épouses tantôt s'allient à ces perspectives par les couleurs et les proportions de leur vêture, tantôt s'en différencient évidemment par un contraste propre à majorer les deux valeurs : celle du décor, celle de la femme. Ainsi nous constatons, sous les climats extrêmes, la vogue des couleurs franches. Les Scandinaves et les Arabes se bariolent volontiers. Nos Bretons choisissent pour leurs costumes pittoresques, cependant, un fond sombre qui se marie à l'atmosphère pluvieuse. Que brille un soleil de fête, tout à coup, broderies et rubans illustrent les silhouettes ; la Bigoudine se pavoise de rubans magnifiques fixés à l'oreille ; la femme de Pontivy laisse flotter le couvre-nuque de sa tiare à la doublure amarante ou verte. L'ambiance dicte aux êtres les formes et les nuances de leur parure. C'est pourquoi le couturier averti montre ses œuvres dans les salles pareilles à celles où furent, jadis, élaborées les premières ébauches des modèles qu'il resssuscite en leur ajoutant. Unie à la tradition quelque peu, l'innovation est le principe d'un art efficace et sûr.

Ce que le couturier moderne tente, l'architecte

des aéroplanes peut l'essayer. Il doit demander la syntaxe de son esthétique au ciel, aux nuages et aux astres, surtout aux insectes de l'air que cette influence mystérieuse nous contraint d'imiter, depuis l'invention des torpilleurs, des automobiles, de tous ces monstres métalliques dont le mécanicien est l'encéphale. On ne saurait trop tôt se préoccuper de phénomènes qui auront leur résultante dans les intelligences des citadins. A voir de belles formes, leur esprit inclinera vers le mieux. Si l'on a constaté que le lycéen, des grandes villes, l'emporte sur ses condisciples aux innombrables sensations capables de solliciter quotidiennement sa curiosité spirituelle dans la rue, dans les bibliothèques, théâtres, cirques et musées, le vol des aéroplanes et les améliorations progressives de ce sport ne seront pas les moins efficaces pour susciter mille raisonnements utiles à la croissance et à la richesse de la philosophie. Déjà, dans les universités, les savants discourent sur ce point. Les mœurs et l'énergie civiques dépendront un peu des idées qui s'associeront à l'aspect de ces machines aériennes. Il faut songer que la capitale elle-même va se transformer. Les toits cesseront de supporter des cheminées, de recevoir la pluie dans leur pente et d'encastrer les fenêtres à tabatières des mansardes. Peut-être, si les moyens de lancement et d'atterrissage se perfectionnent, quelques embarcadères et débarcadères seront-ils établis, de-ci de-là, sur le faîte des immeubles les plus solides. Une série de terrasses fatalement recouvrira les combles de certains quartiers. Des affiches utiles aux besoins de l'aviateur se dresseront là-haut. Des sémaphores, des étendards, des signaux s'agiteront dans le ciel parmi les fumées de calorifères et les caprices des girouettes. A cette métamorphose, dix ans, les citadins vont assister. Il importe qu'ils soient le moins possible choqués par ce que l'on inaugurera. L'urgence d'étudier une esthétique de l'air semble indiscutable. Autrement le goût public posséderait une chance nouvelle de s'avilir. Effet d'autant plus fâcheux que la majesté de l'essor propre aux aéroplanes est, en soi, une beauté.

L'aisance avec laquelle l'appareil s'élève, descend, rase la cîme des arbres, monte dans l'espace où il devient une force souveraine pour s'abaisser en glissant sur les couches de l'air, puis comme un papillon mutin s'enlever encore, choisir un point de repos, l'effleurer, se fixer : toute la série de ces vols aux rythmes divers et amples enchante nos yeux. Nous adorons le génie d'Icare et de Prométhée. Enfin, après tant de siècles de rêve, le réel de leur vœu est conquis.

L'homme règne sur l'air aussi, comme il a capturé le feu de la foudre dans ses dynamos, comme il a restreint, par l'élan des express, les distances de la terre, et comme il a, par la plongée du submersible, pénétré les abîmes de la mer. C'est une sublime émotion de la pensée. Rien ne semble impossible au talent des générations prochaines, filles de celle qui voit les ondes hertziennes, miracles inouïs, transmettre sans moyens visibles, des avertissements entre deux navires séparés par d'innombrables milles marins, et qui verra peut-être ces mêmes ondes porter la force de l'usine génératrice sur toute la superficie d'un canton, cela sans conduites, ni câbles, ni fils.

A tout le moins, Dédale et Icare sont réhabilités. Les bonnes gens ne les jugeront plus comme les types légendaires de l'orgueil fou. A la séance annuelle des cinq académies, M. Charles Bouchard citait naguère un épisode connu des Sagas. Avec les plumes recueillies par le chasseur Egile, son frère, le forgeron Wieland, y fabrique des ailes pour s'évader. Craignant qu'au cours des essais, le chasseur ne s'envole à jamais et ne l'abandonne, ce malicieux inventeur lui conseille de partir face au vent, méthode aujourd'hui condamnée sur nos aérodromes. Elle détermine la chute d'Egile. A cette époque primitive on avait donc étudié les lois du vol afin de les appliquer à l'essor des hommes assez téméraires pour tenter l'ascension libre, selon l'exemple des oiseaux. Les Sagas de l'Islande et la mythologie grecque avaient également souhaité le bonheur des Wright, des Blériot, des Lambert. Avant d'être une beauté dans sa réalisation, le vol de l'homme fut, des siècles et des siècles, une beauté de poème. Se peut-il que notre insouciance se contente de lignes défectueuses pour cet attribut du génie espéré par le vœu des peuples, sur notre vieux monde, au seuil de tous les temples, à la proue de tous les navires, dans la forêt scandinave, et parmi les oliviers méditerranéens.

Certes, la science mécanique subordonne judicieusement la construction des aéroplanes à ses théorèmes. Il faut sacrifier d'abord à l'équilibre, à la solidité, à la constance, à la vitesse de l'appareil et de son moteur. L'esthétique est la seconde ; mais il importe qu'elle conserve cette place au moins. Les regards des foules doivent obtenir du ciel une leçon et une joie. Les hommes-volants ne sauraient départir moins de prestiges que l'illusion d'Icare interprétée par la sculpture, la glyptique et la peinture.

Les aviateurs promettent qu'avant peu leur habileté saura développer les cloisons des biplans, multiplier la force ascensionnelle et enlever, grâce à des mécaniques considérables, plusieurs personnes en chaque essor. C'est l'opinion de M. Painlevé, le calculateur de la mécanique céleste. Il la professe à l'Ecole supérieure d'aérostation, rue Falguières. Là son jeune et fervent génie formera la sagesse des constructeurs et des pilotes.

Lorsque les énormes insectes planeront sur les cités, lorsque leurs ombres courantes fragmenteront la lumière du soleil sur nos boulevards, dans nos rues, dans nos bois, et dans nos champs, une nécessité de formes harmonieuses s'imposera davantage encore à ces théoriciens. Nous tolérerons que, sur nos vies, passent les silhouettes d'un papillon colossal ou d'une libellule immense. Comment se résigner à voir sur la prestance d'une gracieuse fille, ou sur la façade à périptère d'un édifice, grandir l'ombre d'une caisse d'emballeur traînant une malle au bout d'un treillage ?

Très justement l'admiration des élites et des foules s'adresse, en cette heure, aux maîtres de l'espace. Une vénération pieuse entoure le mince héros blond qu'est le comte de Lambert, et son visage osseux, et ses yeux vifs, et sa belle humeur de téméraire. On aime considérer Oswald Wright brun, calme, frêle, silencieux, tout roide dans sa jaquette bien close. Que celui-ci ait maintenu les premiers vols en durée, que celui-là n'ait craint aucun péril gagnant l'altitude de six cents mètres, par dessus le grand Paris bleu à dôme d'or, à tour de fer ; que leur vaillance immortelle désormais, fruit de la physique et de la mécanique, couronne l'œuvre des savants anonymes, modestes, causes de ce prodige attendu pendant les millénaires, annoncé par les prophètes, affirmé par les religions, attribué à tous les dieux des races, à tous les magiciens des poèmes, voilà certes la magnifique apothéose de l'esprit humain que symbolisent ce Franc et ce Yankee. Parce que les guerriers protégèrent les travaux de la paix, parce que les laboureurs nourrirent les peuples, parce que les artisans inventèrent la grâce des choses utiles, les luxes, les arts, parce que les penseurs établirent les lois, les morales, les philosophies, les sciences et les méthodes, ceci se réalise que la multitude considérait naguère comme un acte exclusivement divin. Elle sent bien que le concours de ses labeurs a permis cet élan vers les astres. Elle sent bien qu'elle admire, en ces deux figures, son propre effort évolué depuis les origines à travers les civilisations successives. Et cette sorte de piété mérite de la beauté, comme tout autre culte pour ses manifestations essentielles.

Les promoteurs de l'idée, ceux qui, à l'exemple de MM. Lazare Weiller et Deutsch de La Meurthe, s'évertuent afin de mener vers l'apogée les expériences, ceux qui rassemblent les bonnes volontés, les intelligences, les savoirs, les richesses et les pouvoirs dans l'intention d'accélérer la croissance de nos forces aériennes, ces apôtres ne peuvent manquer d'assujettir leur enthousiasme dès maintenant à la nécessité d'ennoblir évidemment le ciel par le vol de l'homme. Il sied que le nouveau génie s'élance vers l'empyrée des anciens dieux avec les ailes éclatantes et parfaites, dignes de sa force créatrice.

XXVIII

ÈVE RÉHABILITÉE

Un groupe de littérateurs, de juristes, de moralistes, de savants se propose d'offrir à la femme les droits, tous les droits accaparés par l'homme exclusivement, avec le secours des religions et des codes. Nous professons que, s'il y a d'incontestables différences psychologiques entre la personne virile et la personne féminine, ces différences n'impliquent pas, au total, l'infériorité de celle-ci devant celle-là. Aussi rassemblons-nous les témoignages et les arguments statistiques favorables à la réhabilitation d'Eve, tenue pour esclave depuis les premiers âges par le guerrier, voire par le réserviste.

Entre ces raisons que M. J.-J. Renaud vient de mettre à la portée de tous dans son excellent *Catéchisme féministe*, l'une est particulièrement inattendue. Elle affirme la supériorité de nos compagnes au moment de l'impression et de la perception. Les professeurs compétents Jastrow, Politzen, Wilde, Duncanson, Urbautschitsch, Qaufal déclarent que les filles curieuses ont l'ouïe meilleure que leurs frères. Pour le toucher, d'autres autorités M. Matteï, Ottolenghi, Stern, Jastrow, Mac Donald, Marro et Felkin, accordent aux épouses caressantes des subtilités inconnues de leurs maris. Les spécialistes de l'odorat, Garbini, Marro, etc., attribuent aux acheteuses de parfums un flair que peu de mâles possèdent. Selon Bailey, Nichols, Ottolenghi, Matteï, Toulouse, les croqueuses de bonbons jouissent d'un goût infiniment plus complet que celui des Gargantuas. Enfin, nul du sexe fort ne distingue les couleurs aussi précisément que les dames choisissant les nuances de leurs toilettes, si nous en croyons les maîtres Carter, Key, West, Warner, Jacob et Spielman.

Eve a donc toutes possibilités de connaître mieux qu'Adam l'univers sensible. Peut-être en a-t-elle moins pour raisonner dogmatiquement sur cet univers. Aujourd'hui, où nous voyons un certain nombre de docteurs en médecine mépriser la science didactique de leurs agrégés, de leurs académiciens, et demander son abolition pour tout ramener à l'observation clinique du malade, il semble bien que l'Empirisme reprenne quelque prestige. La femme se trouve pourvue le mieux pour échapper au « savoir livresque » et aux « théories de laboratoire », ainsi que l'exige l'esprit d'avant-garde. En tout cas, c'est elle qui fournit le moins de sujets aux aliénistes. Vivace, elle le prouve en offrant aux statistiques quarante-huit centenaires françaises contre vingt-sept français, cent quatre centenaires anglaises contre vingt-quatre anglais, deux cent cinquante-trois centenaires américaines contre cent cinq américains.

Supérieure par la sensibilité et la vitalité, Eve doit acquérir le plus de connaissances. Dans l'immense majorité des cas, elle dirige, en effet, la maison de commerce et la ferme, administre l'économie du ménage, règle les tarifs du marché, prépare l'échéance, et compte. Détaillant ou laboureur, le mari fait les besognes du manœuvre. Il ouvre les caisses. Il emballe et déballe. Il attelle et dételle. Il charge et décharge. C'est le conseil de l'épouse qui le détermine. Sur l'oreiller conjugal, tout se décide, selon l'influence de l'Egérie en chemise rose ou en caraco bis. L'intelligence de la femme engendre la richesse des provinces. C'est à sa prévoyance que la France doit actuellement la suprématie financière. C'est au « fameux bas de laine » rempli, écu par écu, louis par louis, billet par billet, obligation par obligation, que les peuples germaniques, slaves et yankees empruntent l'or nécessaire à leur évolution industrielle.

Certes, l'épargne a ses défauts. Le souci de la réaliser, puis de l'accroître, entrave trop souvent les initiatives. Il étrangle les ambitions, causes des audaces heureuses. Il développe l'avarice. Il dissipe les rêves. Il chasse les chimères préalables aux entreprises téméraires, si fécondes parfois. L'épargne n'en est pas moins une force nationale et qui, de nos jours, constitue l'influence effective de la patrie au dehors. Nous devons à la femme cette excellence qui nous permet d'intervenir dans le concert des grandes puissances, au nom de droits certains, qui nous permet aussi de soutenir ces droits avec un million de fusils et de cartouchières copieusement garnies.

En vérité, la Française toute seule a créé cela. Elle a garanti l'indépendance des races latines en glissant, depuis trois siècles, ses gros sous, un par un, dans le bas de laine, lorsqu'elle avait héroïquement sacrifié un de ses modestes plaisirs, lorsqu'elle avait courageusement accepté un peu plus de labeur par-dessus la mesure ordinaire de ses travaux, dans le fournil ou dans l'arrière-boutique. Il n'est pas un de ces humbles réduits qui ne mérite de nous tous un signe de vénération. Nous devrions baiser à genoux la place où la ménagère cuisine et ravaude afin d'arracher un franc à la dépense de la semaine. C'est l'autel même de la patrie où s'accomplit le divin sacrifice de l'être à l'avenir de nos races, de leurs idées.

Ainsi persuadés, comment attendrions-nous plus longtemps de rendre justice à la mère française en la faisant, du moins, l'égale de son mari ? Comment, et pourquoi ?

De toutes les objections présentées par la niaiserie des vaudevillistes, la rouerie des politiques et la poésie des galantins, M. J.-J. Renaud a fait justice fort aisément, de page en page, dans son *Catéchisme féministe*. La plus simple logique, celle en honneur dans les propos courants, suffit à cela. Elle suffit encore à rendre complètement risibles les théories du Bonhomme Chrysale contredites par les faits, comme toutes les thèses éminemment absurdes que l'immoralité de Molière rima pour un parterre de laquais et une avant-scène de petits-maîtres. Plus sérieux semblent les arguments du prolétariat relatifs à l'avilissement des salaires que provoque la concurrence du travail féminin. Toutefois, s'ils font souhaiter le retour de l'ouvrière au foyer, ces arguments ne peuvent obtenir une sanction dans l'état actuel de la société. Il faut remercier M. J.-Joseph Renaud d'avoir éclairci le problème dans tous les sens.

Un projet de loi déposé à la Chambre ne permettra plus, s'il est voté, que le contrat de mariage soit établi sans le principe de la séparation de biens. Première étape vers l'affranchissement de la mère. Elle administrera sa dot et ses gains à sa guise. Le mari n'aura rien à voir dans les apports de sa femme.

Les chasseurs de dots blâmeront probablement cette innovation. Les jolis cœurs qui vivent du salaire de leurs moitiés, oisifs, apprécieront mal le changement. Il assure l'indépendance matérielle et réelle de la femme. Il la met hors de la tutelle conjugale. Il atteste la personnalité légale de l'épouse. Il rompt enfin le joug de l'antique esclave.

Il nous sied de vouloir que cette loi emporte les suffrages du Parlement. Dès le vote, enfin, Eve sera réhabilitée. Elle échapperait à la réprobation des lois que lui valut trop longtemps la faiblesse d'avoir accepté la pomme du Serpent et la trique du mari.

XXIX

ÉLOGE DE L'ENNUI

« Que la pluie s'élance obliquement des nuées confondues avec le chaos des Alpes, qu'elle strie d'argent dru les rocs des sommets et leurs hérissements de sapins noirs, qu'elle fouette le vieux clocher tout droit devant les verdures forestières des monts, qu'elle vernisse la cité torte, dégringolant par la pente jusqu'aux estacades et aux bateaux fumeux, qu'elle picote le lac immobile dans son bassin de collines, et puis qu'elle modère ses élans, qu'elle tombe douce et paisible, comme pour éternellement, c'est là certes le meilleur décor de l'ennui savoureux.

Le corps blotti dans un fauteuil et la main pendante, le chapeau sur l'œil, la canne mal retenue dans les doigts lâches, comme il convient de bâiller voluptueusement. Des entrailles quelque chose monte, un souffle tiède qui soulève la fatigue des viscères, enfle le torse, épanouit la poitrine, dilate tout l'être progressivement. Deux secondes, règne en nous ce bonheur de se concevoir plus ample, soutenu par une force antérieure et mystérieuse qui nous allège du poids énorme composé par les poumons, l'estomac, le cœur. Une bienveillance imprévue nous décharge de ce faix habituel. Elle nous soulage. Elle nous secourt, muette et attentive. Nos organes reposent sur un coussin d'air moelleux hélas provisoire. La charmante douceur. Tel le fantassin harassé se réjouit, à la halte, lorsqu'il pose sur le canon du fusil, dont la crosse touche à terre, son havresac et l'appareil de campement, supplice de l'échine militaire. Ainsi le bâillement nous permet le précieux délice de confier à la vigueur d'une expiration prolongée les fardeaux de chair, de muscles et de sang qui toujours alourdissent nos velléités d'essor. Trop tôt cette amie bienfaisante nous quitte, et fuit lentement par la gorge qu'elle remplit, par la bouche qu'elle caresse. Les mâchoires se rejoignent à regret. Elles se ferment.

Alors on goûte l'aise de s'être détendu. On s'apprécie flasque et innocent, matière. On se souvient de l'Adam que fut l'ancêtre mal extrait de la terre, aux premiers temps de la Genèse. Nos aïeux, amibes ou astéries, ressuscitent en notre paresse aplatie sur la largeur et dans la profondeur favorables du siège. Lamarck, Darwin, Hoeckel, Spencer, tous les apôtres du Transformisme chuchotent en notre mémoire leurs paroles confusément. On avoue la parenté qui nous lie aux infusoires et aux coraux. Minéral ou plante ? Oh, la paix des cristaux qui, très lentement, de millénaire en millénaire, se métamorphosent avec tant de prudence. Ne rien faire, ne rien vouloir ! Résultats de l'entrevue qui mit en face l'Anglais et le Teuton : prophéties des guerres religieuses, embarras des financiers astreints à parfaire la voie ferrée de Bagdad, ah ! Pendant les heures exquises de l'ennui, comme cela flotte dans une brume propice et lointaine ! Et voici que le bâillement allège de nouveau notre carcasse. Il écarte les côtes étreignant nos bronches. Il délivre nos muscles des nerfs qui les ligotent et les pincent. L'aimable instant !

De grâce, madame, ne venez pas, par politesse, me distraire en étalant vos élégances et vos vanités près de moi. Ne vous souciez pas de ma pauvre solitude. Epargnez à mes lèvres le travail de sourire, et à mes oreilles celui d'ouïr vos balivernes. Souffrez que je m'ennuie totalement au fond de ce fauteuil paternel, derrière cette vitre mouillée. Et vous, monsieur, évitez de m'offrir une place à votre table de bridge. Je n'aurais nulle curiosité de savoir quel partenaire tient la dame troisième en sa main, et s'il est urgent de tenter l'impasse. Non, je n'aurais pas cette curiosité, qui vous excite pourtant, ni celle d'apprendre les variations des cours à la bourse des cotons dans quelque Buenos-Ayres. De la littérature ? Non. Foin des poètes et de leurs rimes monotones, de leurs artifices puériles pour combiner avec des phrases vides une musique de mirliton si pauvre devant la moindre mesure de Chopin, de Schumann, de Grieg. Laissez-moi, je vous prie, m'ennuyer lentement, et autant s'il se peut, qu'une brave éponge oscillant au fond d'un golfe hindou, parmi les huîtres perlières assidues à bailler comme il faut.

Car je m'ennuie d'une si bonne façon. Ce roman d'amours vulgaires que je délaisse ne hante point trop, de son opiniâtre adultère, mon âme vagabonde, et qui songe aux trahisons identiques de mes anciennes favorites. Dieu qu'il était fatigant d'aimer avec aventures. Tromper, être trompé, attendre au rendez-vous avec l'allure niaise, mentir à celui dont la femme s'est rhabillée, naguère, devant son miroir, et qu'on traite le soir, en camarade élu. Et puis, quoi, c'est toujours dans un corset, rose ou noir, les mêmes gorges rudes ou molles, et, sous un fouillis de dentelles, les mêmes jambes osseuses ou grasses, et, dans une bouche fardée les mêmes rengaines du sentiment, les mêmes quolibets du vice. Aujourd'hui je sais que rien de cela ne prévaut sur les baisers didactiques des beautés et que l'on loue à l'heure dans les bars de luxe, dans les maisons closes.

Plus de marivaudages inutiles et quelconques. Vous perdez votre temps chère madame. J'ai passé l'âge des bévues, des madrigaux et des sornettes. Laissez-moi bâiller tout mon saoul. Peu m'importent la mesure de votre cheville, les veines de votre sein mollet, les thériaques de votre parfumeur, et les réflexions de votre psychologie. J'ai lu çà partout dans les livres des académiciens et dans les romans à dix centimes. Et l'on ne bâille bien que seul. Si l'on est deux, il faut mettre la main devant les lèvres.

Je fus tout ce que vous proposez, monsieur. Chasseur, j'ai tonné tout comme un autre, en poursuivant les compagnies de perdreaux. Maintenant l'agonie de ces bestioles me dégoûte ; et j'ai honte de moi lorsque le lièvre convulsif rend le dernier soupir en contractant ses pattes de derrière. Il me déplaît autant de voir asphyxier le poisson jeté dans l'herbe avec les ouïes sanglantes. Je ne crois plus à la chance du jeu. Plutôt qu'y perdre cinq louis, je préfère m'octroyer une corbeille de fruits magnifiques et une bouteille de Frontignan. Mais, comme ces fruits pourraient être verjus et ce nectar vinasse, je choisis de ne rien vouloir, en ma nonchalance hostile aux illusions des appétits naïfs, des désirs impétueux et vains. La liqueur et les fruits cela n'est succulent que dans les strophes.

Le théâtre ? On est si mal assis. Dès que les rideaux commencent à tomber, tant de messieurs extraordinairement pressés, sans qu'on devine la cause, vous écrasent les orteils à l'orchestre pour sortir une seconde avant les autres, comme s'ils venaient d'apprendre que l'incendie dévore leur maison ou que leur épouse émeut un hussard impromptu dans l'alcôve conjugale. En fait, ils désirent simplement allumer une cigarette... Dans les loges ? On aperçoit si peu du spectacle entre les plumes des chapeaux féminins. D'ailleurs on joue toujours la même pièce où se mentent le mari, la femme, l'amant. Bâillons ici plutôt à gorge déployée.

A moins qu'un copieux volume de mathématiques transcendantes ne nous confirme en notre humilité d'ignorants, feuilletons le tome aux équations. La médiocrité du savoir classique trahit notre curiosité. Advienne que nous parvenions à comprendre. Le même effort sera nécessaire pour nous initier à la métaphysique, à l'éthique, à la biologie, à la chimie. Quelle existence suffirait ? Tenons-nous cois au lieu de parler arrogamment de choses connues de notre fatuité par leurs noms seuls, outre quelques notions sommaires, vagues et emmêlées.

Des idées ? On les a toutes écrites depuis la gloire d'Ephèse. La science d'aujourd'hui répète en d'autres formules les axiomes des anciens. La théorie moderne de la survivance des plus aptes se trouve dans les livres saints des Quichès du Mexique. Ainsi que le démontre M. Van Gennep, homme admirable, le principe d'évolution, gloire du XIXe siècle, anime les théologies des sauvages comme elle anima celle des Egyptiens. A nous renseigner davantage sur le neuf et le récent de la création humaine, nous ne déterminons que le réveil d'antiques vérités. Et ce sublime effort qu'est la recherche des causes, nous oblige à constater le radotage de notre époque pourtant si créatrice de merveilles !

Il faut se résigner, monsieur, à l'ennui. Bâiller mieux c'est là notre unique devoir. Ne négligeons pas cet exercice. Il allège le faix de nos viscères.

Il nous octroie le sens de la continuité qui nous lie aux protozoaires. Il nous accoutume à lire, sans distraction, les gros tomes de la philosophie, de la science, et des littératures documentaires. Apprécier, goûter, savourer l'ennui ? C'est se construire une âme capable d'approfondir les problèmes difficiles. Le culte de l'ennui nous procure la vaillance d'épeler cent fois le texte abstrus qui renferme la substance spirituelle, rare et féconde. A dédaigner la joie, le jeu, la causerie, l'amour et toutes les liesses, nous formons notre caractère de telle sorte qu'il ne se déplaît en l'étude. Plus tient aux peuples de spleen. Observez donc la riche Angleterre et la docte Allemagne. »

Ayant dit, mon interlocuteur se clapit mieux dans son fauteuil et laissa bayer sa bouche rase à l'américaine : puis, du geste, il me congédia sans insolence ni brusquerie.

XXX

L'ULTRA-VIOLET

Les anciennes légendes n'ont pas deviné tous les prodiges. Certes Jupiter mania la foudre presque aussi facilement que nos électriciens. Iris portait les messages à travers l'espace, un peu moins vite que nos ondes hertziennes. Icare, vers le ciel, tentait un élan plus maladroit que celui de nos aviateurs. Hercule rompit les isthmes avant nos Lesseps. Mieux que nos médecins, les prophètes surent accroître et restreindre les effets de la peste. Très bruyamment, comme nos artilleurs, Josué renversa les remparts de Jéricho. Les magiciens et les génies apparurent sur des chars en feu prompts autant que nos locomotives et nos automobiles. A leurs mystiques tous les dieux ont suggéré les illusions de l'hypnose. Ainsi les rapsodes ont-ils prévu le triomphe de la science contemporaine ; à moins qu'ils n'aient rappelé les miracles d'une civilisation très lointainement antérieure et qu'anéantirent les déluges ou des cataclysmes oubliés.

Cependant nul des poèmes antiques ne mentionne la vertu d'un héros qui sut tirer de la pure lumière quelque force invincible propre à supprimer les épidémies. Nos physiciens réalisent plus que n'espéra l'imagination lyrique des peuples ancêtres. Depuis 1877 on enseigne que le rayon solaire, décomposé par le prisme, ne se métamorphose pas en couleurs seulement, mais aussi en ondes invisibles beaucoup plus nombreuses, les unes calorifiques et infrarouges que révèle le thermomètre, les autres actiniques et ultra-violettes que révèle le gélatino-bromure d'argent étalé sur la plaque du photographe. Ces rayons ultra-violets furent cherchés à tâtons. On leur offrit des sels d'argent, d'or et de platine qu'enfin dissocia l'influence mystérieuse. A son contact des microbes en culture se trouvèrent anéantis un beau jour. Les ondes actiniques détruisaient donc les bactéries. Là-dessus on inventa la lampe à vapeurs de mercure. Elle produit une lumière plus riche que le rayon solaire en ultra-violets. Ce flambeau seconda merveilleusement des expériences étendues et multiples. Il semble avéré que les actiniques stérilisent dûment et intégralement. Dans le laboratoire du célèbre physiologiste, M. Dastre, l'eau de la Seine filtrée par les moyens ordinaires afin d'éliminer les parcelles minérales et végétales, puis chargée de 5.250 bactéries par centimètre cube, enfin versée dans une rigole, et courant sous trois lampes à mercure, perdit 2.000 bactéries au passage de la première influence, et tous ces microbes après avoir franchi le second halo. Le liquide venimeux de notre fleuve était devenu salubre. Incontinent on s'occupa des applications industrielles possibles. On les voulut peu coûteuses et simples. Bientôt toute ville munie d'électricité pourra rendre sa rivière potable selon les besoins de la population. L'ultra-violet chasse la mort.

Dès lors il apparaît que la fièvre typhoïde, si terrible dans les casernes, ne décimera plus nos bataillons. Stérilisée par les ultra-violets, l'eau ne portera plus dans le corps de nos conscrits les germes d'infection. Si les expériences heureuses se poursuivent, cette sorte de stérilisation, extrêmement facile, pourra s'appliquer aux aliments et aux vêtements. Déjà le lait, la bière, le vin, le beurre ont été soumis à l'action de l'ultra-violet. Leur saveur ne s'altère en rien. Il convient de penser que nos médecins militaires vont se précipiter sur cette merveille pour garantir la santé de nos fils qui se livrent aux sports militaires dans les garnisons de la France. Au major, désormais, il appartiendra de nous assurer une jeunesse indemne et robuste, en la protégeant avec la lumière purificatrice.

Il est magnifique de penser que le génie de l'homme ait ainsi découvert l'invisible, le subtil et l'obscur du soleil pour en asservir l'énergie, pour l'introduire, captive, dans nos breuvages. Le magicien a rendu potable la vertu purificatrice de l'astre.

L'intuition des races indo-européennes est admirable qui symbolisa par le même radical, « Πυρ », l'idée du feu réchauffant ou destructeur et l'idée d'assainissement, de pureté physique, morale. Voici que la science aujourd'hui rend hommage à cette sagesse. Oui le feu solaire contient l'essence purificatrice la plus subtile et la plus efficace contre les souillures vivantes jusqu'à présent victorieuses de nos panacées.

Toutefois de pareilles découvertes humilient notre orgueil. Les physiciens calculent aujourd'hui que, dans l'invisible du rayon solaire, vibre la fraction la plus importante de son énergie. Or, depuis que les hommes observent la lumière, mesurent la vitesse et la puissance de son action, depuis tant de siècles qui datent les cultes voués aux Agni, aux Osiris, aux Phœbus et les sciences dédiées au ciel par nos astronomes illustres, quatre parties sur cinq de l'énergie solaire sont demeurées, pour l'œil humain, ombre et néant. De cette force voisine qui brûlait leur épiderme Copernic, Newton, Laplace, leurs disciples n'ont rien soupçonné. Voilà qui confond notre jactance de civilisateurs. Quelle infirmité au cerveau des plus sagaces. Car la puissance seule des ultra-violets semble énorme. M. Marconi prétend que, s'il lui devient impossible d'échanger les ondes hertziennes entre le vieux monde et le nouveau, à l'heure où le jour luit encore dans l'Ouest de l'Atlantique mais où la nuit déjà s'assombrit sur l'Est, ce sont les ultra-violets du soleil qui, là-bas, électrolysent les molécules gazeuses de l'air, et les transmuent en ions prêts à détruire les ondes postales engendrées ici, à la faveur du crépuscule, parmi les molécules libres de toute influence solaire, actinique. Les radiations ultra-violettes possèdent, comme disent les physiciens et les chimistes, un pouvoir d'ionisation formidable. Cette action avait, en dépit de sa véhémence, échappé aux examens des savants jusqu'à ces dernières années. Il fallut l'avènement de la radioactivité pour nantir de suggestions utiles les chercheurs, Curie, Ramsay qui considèrent maintenant l'ultra-violet « comme produisant la désintégration des éléments de la matière ».

Invisible, l'ultra-violet commande à notre vie. Tantôt il la délivre des bactéries léthifères, tantôt il désagrège la matière, et la change, suivant la doctrine de Gustave Lebon, en particules électriques capables de traverser les écrans de métal.

Comment ne pas ressentir une inquiétude profonde en songeant à ces mystères qui, peu à peu, se décèlent autour de nous ?

Les causes de notre vie et de notre mort changent. Les savants l'attestent sans l'expliquer. Nous apprenons tout à coup que nos existences sont déterminées par des invincibles absolument méconnus. Et leur universalité nous déconcerte. Autour du halo étroit dont la science avait, au XIXe siècle, couronné notre intelligence, il naît des profondeurs et de l'infini pleins de force en action, mystérieuses comme les anciens Dieux, comme les anciens Satans, et que nos réactifs, nos géométries, nos algèbres, nos formules palpent timidement à travers les ténèbres.

A cette heure l'ultra-violet se manifeste comme une puissance tutélaire. Grâce à lui, nous n'aurons plus à craindre les épidémies qui terrassent nos jeunes soldats et parfois les populations empoisonnées par les eaux douteuses. Les médecins du régiment vont pouvoir évincer les ferments mortels. Il suffira de multiplier le nombre de ces docteurs vigilants, d'en titulariser un par compagnie comme on l'a proposé, de lui totalement attribuer la surveillance des cuisines, des chambrées, des magasins à vêtements et de lui confier la régie ordinaire, en ne laissant au capitaine, désormais que ses devoirs d'instructeurs pour le combat. L'hygiène par l'ultra-violet doit nous refaire une jeunesse vigoureuse en ses corps, puis en ses esprits, par conséquent optimiste et courageuse, redoutable aux nations rivales, toute pleine des forces solaires mêlées plus intimement à l'ardeur du sang latin.

Un dieu nouveau, obscur et bienveillant s'affirme dans l'invisible.

XXXI

LES CHEVAUX
DE CONSTANTIN GUYS

De nos agréments actuels l'un des meilleurs est, sans doute, la résurrection des existences militaires, mondaines, politiques, artistes évoquées par les chercheurs qui nous restituent le souvenir de l'énergie française en son ère de triomphe. Ainsi la vie du dessinateur Constantin Guys nous offre le plaisir de méditer sur la période écoulée d'Austerlitz à Sébastopol. L'enfant qui devait ensuite, vouer ses prédilections, son art au cheval de guerre, naquit le lendemain du jour où les inébranlables soldats de Napoléon repoussèrent et puis décimèrent et dispersèrent l'armée des « Tyrans » descendue orgueilleusement du haut

Pratzen, vers les lignes qu'occupaient, à l'ouest des fameux étangs, les vainqueurs de Marengo, d'Ulm et d'Amstetten, les conquérants de Vienne.

Constantin Guys est un enfant d'Austerlitz comme Hugo et Musset, si l'on veut bien marquer, de cette épithète, la génération conçue pendant qui se préparaient, au camp de Boulogne, les caractères héroïques de la Grande Armée, pendant que le premier essor de sa gloire s'épanouissait sur les champs d'Autriche et de Prusse. Avant toutes autres choses ces bambins apprirent par les cloches du *Te Deum* et les détonations des salves qu'ils appartenaient à une nation dominatrice ; mais les conséquences de Waterloo devaient leur faire une jeunesse hésitante et déçue. Telle l'a décrite Alfred de Musset dans l'immortelle préface jointe à la « Confession d'un Enfant du Siècle », et qui demeurera parmi les pages magnifiques de l'histoire.

Fonctionnaires d'origine méridionale, l'un Commissaire en chef de la Marine française à Flessingue, l'autre Commissaire des Relations de la République à Rotterdam, le père et le parrain de Constantin Guys participaient officiellement à cette entreprise de l'Occident latin sur le Nord et le Centre Germanique, car le drapeau tricolore pavoisait, en ce temps, les deux villes bataves.

Tassée dans l'anneau de briques de ses remparts, la cité de Flessingue surveille, au creux des dunes blondes l'embouchure de l'Escaut. Ses canons braqués visent le galop des lames apportant les escadres sur leur dos écumeux parmi les vols des mouettes. La campagne était alors pleine de troupes en attente de la flotte anglaise, de ses foudres, de ses chaloupes prêtes à déverser, dans une anse, les compagnies de débarquement. La cavalerie, sans cesse trottait le long des côtes, pour découvrir et déjouer les tentatives des ennemis. A ces chevauchées belliqueuses l'enfant du commissaire en chef dut ses émotions premières. Il aima les coursiers des éclaireurs apparus à la cime des dunes contre les nuages gris et bas que le vent du large pousse dans l'estuaire.

Travaillées plus tard, ces visions dotèrent notre trésor esthétique de merveilleux croquis. On y voit la nervosité piaffante des escadrons qui se déploient dans les paysages de Crimée, celle des nobles bêtes qui secondent la vaillance des Guides, des Chasseurs d'Afrique, des Dragons, et des Cent Gardes. Constantin Guys est essentiellement le dessinateur des Chevaux. Il en fixe toutes les impatiences, toutes les cabrures, tous les repos frémissants, toutes les foulées élégantes. Il sait, par deux tons d'encre juxtaposés sur une croupe, en décrire le lustre, la rotondité, la contraction.

Comme les chevaux d'Eugène Delacroix, ceux-ci parfois sont interprétés avec exagération d'un membre, d'une masse. Cette exagération résume l'animal en la partie de son être où joue le muscle commandant toute la posture. Ainsi, le mouvement prédomine en ces aspects. Il suggère parfois l'instinct qui le détermine. Ce goût, cette recherche opiniâtre du mouvement ont persuadé l'artiste de ne point trop limiter les contours. On sent qu'ils vont instantanément se modifier selon les nécessités mécaniques de la course. Rien ne se fige. De ces bêtes, la mobilité, la vitesse sont dépeintes plutôt que l'ensemble des formes.

Aussi Constantin Guys affirmera durant toute son existence une âme entreprenante et voyageuse. A dix-huit ans il s'enferme avec Byron, dans Missolonghi assiégé par les Pachas. Pour l'indépendance de la Grèce, à l'exemple du fameux colonel Fabvier et de ses demi-soldes, l'adolescent affronte les risques des combats contre l'aristocratie du Sultan. Des murs en ruines battus par les canons de Réchid, le volontaire admire les cavales des assiégeants qui voltigent autour des avant-postes et des redoutes extérieures. Le crayon du romantique s'évertue autant que la carabine du libéral dévoué, comme son père jacobin, à l'affranchissement des nations. Peut-être fredonne-t-il, avec un demi-solde camarade, le refrain du Directoire que chantèrent aussi les conscrits du faubourg Saint-Marceau mourant alignés, en 1813, dans la fange de Leipzig : « Tremblez tyrans, vous allez expier vos forfaits. Plutôt la mort que l'esclavage. Les peuples libres sont Français ! » L'enfant d'Austerlitz n'a rien renié de la tâche paternelle. Jusqu'à Navarin, en 1827, il se sacrifie pour l'idéal de Jemmapes et de Fleurus.

La Grèce délivrée, Constantin Guys revient en France. Aussitôt il endosse l'uniforme des dragons. Le centaure s'adonne à son jeu de prédilection. Il observe, il guide, il dompte, il excite le mouvement des chevaux. En même temps, il revoit et complète ses croquis de l'Orient grec : « manières de bazars, longs boyaux de rue tortueux et montants, mal pavés, étroits, où les persiennes soulevées semblent se rejoindre en toit au-dessous d'un ciel à peine entrevu, nostalgique tant son bleu de turquoise est émouvant ; des groupes, dans ce décor, vêtus de vestes brodées, d'oripeaux éclatants et sordides, accroupis ou couchés sur les seuils... » C'est ainsi que la plume de M. Georges Grappe évoque la prestigieuse série d'images. Il faut remercier cet écrivain précis, ce commentateur merveilleux de Balzac. Dans la collection « L'Art et le Beau », il a rendu justice au talent d'une époque longtemps imprégnée de ses gloires premières. Grâce à cette étude et à ses gravures, le dessinateur du trot et du galop nous prodigue, à toute heure, la magnificence du cheval. Il accroît notre goût des formes parfaites, des proportions heureuses, des mouvements rythmiques. Nous aurons constamment sous les yeux le sublime Cent-Garde qui galope, la tête haute et empanachée, dans une sorte de brouillard lumineux où s'effacent à demi les fines jambes, la queue météorique de la bête. Voici les « dragons sur le terrain de manœuvres », qui sont comme le fantôme étrange d'une foule équestre et casquée. Souvenir apparemment de cette garnison où Constantin Guys passa quelques années avant 1830. Sous-officier, il démissionna. M. Grappe n'a pu découvrir les motifs de cette rupture. En vain, l'essayiste à qui nous devons de si brillants ouvrages sur Moncrif, Sainte-Beuve, Newman, Degas, a-t-il utilisé ses vertus de commentateur et d'érudit. Les documents ont manqué. Très libéral, ami des demi-soldes, Guys a-t-il supporté difficilement l'autorité de ses chefs royalistes sous le gouvernement des ministres ultras qui provoquèrent, par leur intransigeance, la Révolution de 1830 ? Ou bien, au lendemain de cet évènement, a-t-il reconquis l'indépendance de la vie civile assurée par le nouveau régime afin de se créer une situation d'artiste ? Nul ne peut le dire. On suppose qu'il voyagea de longues années, qu'il fut, en Orient, ajouter de nouvelles pages à ses collections d'esquisses grecques. Tels les Chevaux de Péra. A Londres il connut Thackeray, put observer, avec lui, les snobs qui devinrent le sujet du livre célèbre, et commença de dessiner pour les journaux britanniques. L'*Illustrated Londontbew* envoya son collaborateur en Crimée.

On n'ignore plus guère l'incomparable série d'images qu'il traça parmi les cadavres d'Inkermann, les fumeurs du bivouac, les canonniers des batteries tonnantes, les traînards suivant la retraite sous le vol des corbeaux alléchés. Constantin Guys parcourut à cheval tous les champs de bataille. Cet enfant d'Austerlitz, à moustache blanche, connut de nouveau les salves de la victoire française, puis les cloches de *Te Deum*, bien qu'elles sonnassent dans les églises catholiques russes, voisines de Sébastopol et desservies par les aumôniers des zouaves. Le Cheval d'armes que son admiration de bambin avait contemplé sur les remparts de Flessingue, que son enthousiasme d'adolescent avait copié du haut des murs de Missolonghi, que son entrain de jeune homme avait guidé à la tête des dragons sur le sol de France,

Guys le revoyait au galop sous les Chasseurs d'Afrique poursuivant les petits-fils engendrés par les Cosaques de la Bérézina. Le sang de ses pères coula plus vite dans ses veines. « Le pinceau de Guys, constate judicieusement M. Georges Grappe, a immortalisé cette beauté de la monture de guerre pour qui les rênes sont inutiles. D'elle-même, sous le poids très lourd de son maître, elle se rue à la mort, bondit joyeusement et frénétiquement. Galop pesant et grave si puissamment figuré par l'artiste, que l'on croit entendre le rythme des sabots sourdement répercuté à l'infini. Les drapeaux palpitent. L'écume de la rage festonne d'une dentelle héroïque l'acier du mors. Le poitrail large paraît s'élargir encore. A force de regarder on finit par confondre le cheval, le harnachement, le cavalier, les armes en une seule masse magnifique et terrifiante, douée d'une vie unique, destinée au même triomphe ou à la même agonie dans un seul amas de sangs confondus... »

Comme il avait noblement vécu la résurrection de l'épopée nationale au milieu des dangers, l'enfant d'Austerlitz vécut la résurrection de la gloire. A Paris il nota les attelages à la Daumont qui menaient vers les champs de courses, tant d'élégantes, sœurs, épouses, filles, nièces, amies des guides, des lanciers, des chasseurs et des artilleurs caracolant sous les batteries de Sébastopol.

Ce n'est pas la moins belle partie de l'œuvre. Lionnes, lorettes et dandys paradent inscrits par un seul trait, dans la courbe de l'équipage, derrière l'élan du stepper avec toutes leurs nonchalances en châles et en chapeaux bébés, avec toute la raideur à favoris, à cravates écossaises, à tiares droites et lumineuses. Ici deux trotteurs luisants allongent leurs foulées que règle le jockey leste et poudré ; et ils entraînent la calèche comblée de volants, de dames à bavolets sous deux ombrelles minuscules. Là dans une vapeur de rêve, défile le cortège impérial avec ses piqueurs en culottes blanches, ses guides aux dolmans flottants, aux bonnets touffus. Ailleurs, les cavaliers du Bois se guindent. C'est tout le luxe équestre du second empire, fier d'avoir vaincu à Sébastopol, à Solférino, à Palikao, à Puebla, fier d'avoir reconstitué dans la salle de l'Opéra, pendant l'Exposition universelle de 1867, ce parterre de « Rois » qui avait, dans Erfurt, en 1808, applaudi les déclamations de Mlle George et de Talma.

Constantin Guys a fixé en ces dessins, une superbe illusion de la France.

XXXII

L'ÉVOLUTION D'UNE RACE

Le voyageur qui se rend à Philoe éprouve une belle joie en apercevant le premier Ethiopien venu dans la région d'Assouan pour vendre ses troupeaux. C'est une soudaine vision de l'antique. Depuis la chevelure haute et flottante comme une crinière de casque jusqu'au talon élastique et nu, une force se manifeste plus qu'un homme. Malaisément elle retient ses bonds. Bronze fauve, le torse se bombe entre les écharpes qui gonflent autour de ce corps hardi. Les muscles, sous l'extrême finesse de la peau, jouent comme des serpents qui s'enlaceraient. Le sourire explique cette métaphore persane qui le compare au croissant de la lune. Et cette sorte de Bellérophon hâlé porte à la main un long glaive dans un fourreau de parchemin. Tout ce que nous imaginons de l'Illiade ressuscite à nos yeux dans ces pasteurs descendus peut-être du haut plateau, enclavant le lac de Tana par la vallée de l'Atbara ou celle du Nil Bleu, avec leurs moutons à toisons traînantes, leurs dromadaires laineux, leurs mulets ventrus. Cette splendeur plastique caractérise le peuple que Ménélick conduisit à la victoire d'Adoua contre la science et le courage des Latins. Que ce soient les Bichariehs de la Nubie, ou les Somalis du Djouba, les Danakils d'Obock ou les Gallas du Choa, ces guerriers au nez mince, aux cheveux frisés, aux attaches fines, comptent pour l'ethnographe, parmi les types admirables de l'humanité. Or, la science découvre qu'ils fondèrent la civilisation égyptienne, qu'ils furent la race antérieure aux Pharaons dans la vallée du Nil.

Selon une légende toujours vivace, la reine de Saba quittant Salomon reprit le chemin de sa patrie avec l'espoir d'une maternité glorieuse. De ce jour la vaillance des négus commença de vivre. En effet, un fils, naquit de Baalkis. Eduqué à Jérusalem, il franchit la Mer Rouge avec les Sabéens, puis établit, dans le pays du Tigré, la civilisation hébraïque. Astrologue et agronome ensuite, ce conquérant fut surnommé David-Ménélick. Comme pour Ménès et Ménélas, l'épithète comprend le radical Gréco-Méditerranéen signifiant « ferme au combat ». Ainsi la tradition éthiopienne assure au négus une origine biblique, divine à demi, puisque, de David aussi, le Christ fut le descendant.

Invoquée dans l'heure propice, cette généalogie valut la couronne d'Abyssinie au souverain qui meurt. Alors ras du Choa, il avait suivi le négus Joannès à la guerre entreprise pour seconder leurs frères chrétiens, les Anglais qui disputaient le Soudan aux infidèles ; et, dès que le « Roi des Rois » eut été, en pleine victoire, tué par un éclat d'obus, Ménélick, se proclama lui-même avec l'approbation des troupes loyalistes.

Six ans plus tard, Ménélick n'eut point de peine à provoquer l'indignation belliqueuse de ses peuples contre les Italiens. Ces chrétiens prétendaient asservir l'empire romain du négus et des ras. Le courroux fut universel de la Mer Rouge au Nil Bleu. Chaque pasteur abandonna ses troupeaux, sa ferme ronde, accourut sous les étendards avec son glaive en fourreau de parchemin, ses lances, son fusil, sa mule chargée de munitions et de provisions. Déjà les Italiens avaient gravi les plateaux d'Orient, étagé leurs camps d'assise en assise pour dicter leur interprétation du traité d'Ucciali. Ils étaient parvenus à la cime du Tigré, dans la région d'Adoua. Ils avaient chassé le ras Mangascia d'Axoum où s'élève le tombeau de l'ancêtre biblique, Baalkis, reine de Saba.

La perte de cette place symbolique, siège du patriarcat éthiopien, riche des ruines très antiques, suggestives, suscita cette colère panique à laquelle ne purent résister les soixante-cinq mille soldats du général Baratiéri. En vain leur artillerie fauchait de loin cette multitude accourue sous ses crinières dansantes. Entre les gerbes abattues, d'autres rangs surgissaient, volaient au feu, emportés par une fureur unanime. Inutilement, les salves culbutaient ces groupes, éventraient, décapitaient, amputaient. Aux légions terrassées, d'autres succédaient pour courir sous les foudres tonnantes. Dans les batteries, les Italiens se regardaient avec effroi. La mort n'avait pas le pouvoir d'intimider ce peuple d'Ajax, d'Achilles bruns. Il se ruait en délire, avec ses visages fiers et ses forces bondissantes, inattentif à ceux que Dieu rappelait en son giron créateur. Les canons d'Europe, chauffés par le tir intense, brûlaient les mains des servants. Il fallut emmailloter le métal avec les uniformes qui bientôt fumèrent et roussirent. Les pointeurs durent renoncer au maniement des culasses. Ils voyaient grandir là-bas cette mer humaine qui criait sa rage et qui, labourée par les derniers projectiles, se refermait aussitôt, déferlait, noyait la prairie, coiffait les rocs, s'élançait aux collines, dévalait, plus proche, plus active, « hérissée déjà de ses lances et de ses glaives, de ses fusils muets ». Quand on distingua les lourdes tignasses frisées et les torses de bronze qu'une célérité prodigieuse approchait, l'épouvante saisit les Européens. Ils commencèrent de fuir en désordre sans écouter les cris de leurs camarades rejoints, et de qui les formidables héros coupaient prestement le pied droit.

Ainsi les fils de « la Reine qui dansait comme une abeille », évincèrent de leurs montagnes la puissance romaine, en mars 1896. Les Japonais, quelque temps plus tard, devaient aussi bien terrifier le soldat russe. En un pareil mépris de la mort les Nippons, traversés par les balles, de part en part, continuaient la lutte jusqu'à présent de l'agonie parfois jusqu'au soir, jusqu'au lendemain. Le feu le plus intense n'avait pas encore contre eux d'efficacité immédiate. Tandis que l'Européen touché ne songe plus qu'à se guérir et cesse aussitôt de combattre, l'Asiatique, comme l'Africain, préfèrent venger leurs blessures en assouvissant leur haine nationale dans le massacre de leurs meurtriers ; ces efforts suprêmes dussent-ils assurer une mort incertaine.

Bien qu'ils se comptent pour sept à huit millions d'âmes seulement, les Ethiopiens pourraient bien, à l'avenir, jouer dans l'Afrique orientale, en Egypte, le rôle que les Japonais assument en Corée, en Mandchourie, en Chine. Continûment le négoce européen pourvoit d'armes et de munitions les troupes du Négus. Cent cinquante milliers d'hommes instruits de l'art militaire peuvent s'aligner au signal. Facile, là-bas, une levée en masse mettrait debout quatre ou cinq cent mille soldats encore. Quelle nation européenne, anglaise, italienne, française, belge, saurait, en Afrique, transporter une armée aussi nombreuse et capable de vaincre ce peuple héroïque ? Or, aux mains de ces montagnards, se trouve le plateau qui contient le lac Tana d'où l'Atbara et le Nil Bleu s'épanchent, vont grossir le Nil Blanc, fertiliser l'Egypte entière, y compris le Delta. Il suffirait qu'une canalisation, qu'une série de barrages fussent établies pour détourner, par le versant, le cours de ces eaux nourricières. L'Egypte serait bientôt condamnée à la stérilité, à la famine, à la mort ; car le limon du Nil Blanc ne fertilise pas. Huit millions de fellahs, leurs maîtres, l'élite des pachas et l'audace anglaise qui les gouverne demeurent à la merci du Négus, des antipathies, de ses sympathies politiques.

On imagine donc l'importance qu'il convient d'attribuer à l'esprit régnant sur le palais d'Addis-Ababa. Ménélick connaissait parfaitement les raisons majeures qu'avaient les Anglo-Egyptiens de convoiter, avant la perfection de ses forces, l'Occident de son empire. Méfiant, il chercha tour à tour des conseils auprès de la Russie, de l'Allemagne, de la France. Son intelligence, très digne de sa couronne, sut longtemps maintenir ces influences en rivalité, et dominer grâce aux divisions. Même le contrat du 15 mai 1902 lui avait promis que les ingénieurs de Sa Majesté Britannique ne modifieraient d'aucune manière le cours du Nil Bleu, sous condition de réciprocité. Ménélick avait acquis de la sorte la certitude de pouvoir quelques années encore, multiplier à l'aise ses moyens militaires et surtout ses moyens financiers, sans quoi la valeur des premiers s'évanouit vite. Afin d'accroître la richesse du pays, il accordait à nos capitalistes la concession de la voie ferrée entre le port de Djibouti et Addis-Ababa. On sait comment cette entreprise, mal gérée, faillit passer toute entre les mains anglaises, prêtes à racheter concession et matériel. Ménélick redouta ce danger. Aujourd'hui une combinaison mixte a prévalu ; mais l'Italie, la France et l'Angleterre se sont accordées par la convention du 15 décembre 1906. Désormais les trois influences prédominantes agiront comme une seule à la Cour du Négus. Créancières et vigilantes elles inspireront la politique des ras, malgré l'opposition de la vieille impératrice, et garantiront aux fellahs la sécurité des irrigations nilotiques. Plus n'est à craindre que ces hommes au regard brûlant, reconnus aujourd'hui, par l'ethnographie, comme les ancêtres directs du peuple égyptien, et les auteurs de la civilisation pharaonique, occupent à nouveau la vallée du Nil ni qu'ils rétablissent, dans Memphis, une dynastie éthiopienne semblable à celle intronisée, par les victoires de Sabakon, sept cent douze années avant la naissance du Christ. A Philoe, les pylônes du temple d'Isis et ses colosses gravés n'auront point à effrayer les envahisseurs par le spectacle du Pharaon ptolémaïque Néos Dionysos, brandissant une masse d'armes au-dessus des ennemis qu'il saisit aux cheveux pour avoir attaqué l'île de Pilack et sa forteresse. La force de la déesse incluse dans le temple de Philoe ne sera pas méconnue, du moins en ce temps.

L'avenir peut-être verra cette race magnifique, pourvue des armes et des ressources nécessaires, appeler à l'émancipation les nations d'Afrique, ces Baggaras, ces Chillouks, ces Haoussas congolais, ces Achantis qui firent à plusieurs reprises reculer la vaillance de l'Europe nordique ou latine, et qui, rassemblés par un homme de génie, chasseront du continent torride les civilisateurs à face pâle.

XXXIII

LA VÉRITÉ

AU-DESSUS DE LA SCIENCE

Certaines des questions les plus troublantes, pour l'esprit humain, ressuscitent au cours des études, sur Jeanne d'Arc, que poursuivent des écrivains célèbres. Si la plupart des évènements relatés dans les annales présentent une apparence de santé historique, il est une série de phénomènes indéniables qui échappent aux mesures de la science. On ne les a pas récemment découverts. Tout d'abord, ils furent mentionnés, grandis, exagérés dans les anciens récits aux formes légendaires, comme dans les interrogatoires officiels du procès. Il s'agit des « influences » lointaines manifestées par les visions de Jeanne à Domrémy, par son prestige singulier devant le sire de Baudricourt consentant à lui donner un cheval, des armes, une escorte afin de conduire, vers le Dauphin, de Vaucouleurs à Chinon, cette bergerette. C'est aussi l'évidente suggestion exercée sur l'entourage de Charles, aux premiers moments de la rencontre, puis les intuitions stratégiques et tactiques de la pastourelle, enfin l'inexplicable, le subit arrêt de ces prodiges qui la restitue, tout à coup, à sa vérité première de fille innocente et faible.

Durant une période, l'adolescente semble possédée véritablement. Des forces la poussent. Jeanne reconnaît leur présence en soi, et qu'elle explique selon les enseignements du catéchisme, des Évangiles. Elle « obéit » à des voix. Elle obéit à ce qu'elle croit être hors d'elle. Et cela vaut à la Bonne Lorraine une audace extrême. Celle d'aborder, à Vaucouleurs, le chevalier de la France, le sire de Baudricourt, celle de l'étonner, de le convaincre, d'aller plus avant, d'éblouir, par ces forces qu'elle irradie, Charles, ses clercs, ses comtes, ses paladins, le peuple et l'armée bientôt en marche derrière la bannière de la Pucelle.

En de précieuses pages, M. Hanotaux étudie, avec son impartialité d'historien, le mystère de ces forces très évidentes à l'époque. Sainte Catherine de

Sienne, sainte Brigitte de Suède, sainte Colette de Corbie eurent des visions analogues à celles de Jeanne, et décrites, à peu près, dans les mêmes termes. Les exhortations et les influences des deux premières avaient, dans Rome, dès 1377, rappelé le pape d'Avignon, comme l'énergie de Jeanne devait, à Reims, sacrer le dauphin de France, en 1429. Il fallait, pour la grandeur de la chrétienté, que le pontife reprît place sur le trône même de saint Pierre, s'il fallait, pour la vie de la France, que le fils de Charles VI fût couronné selon les rites. A supposer que ces deux faits ne se fussent pas accomplis, les destins de la chrétienté, ceux de la France changeaient. D'une part, la réforme de Wiclef et de Jean Huss eût pris l'importance acquise, un siècle plus tard, par celle de Luther et de Calvin ; cela dans une heure où les dissensions avaient rendu la papauté incapable de résistance. D'autre part, la France devenait anglaise, c'est-à-dire saxonne ; la dynastie d'Henri IV se substituait à celle des Capétiens, et bientôt le protestantisme à la catholicité. C'était la disparition de l'esprit méditerranéen, jusqu'alors intact parmi les clercs, dans les abbayes gallo-romaines, dans les villes héritières des municipes que César établit en ses camps, et que respectait timidement la féodalité franque asservie, par le prélat et le légiste, à la tradition latine.

L'admirable historien qu'est M. Hanotaux met en lumière cette réaction étrange de deux idées vivaces, l'idée de la civilisation catholique et l'idée de la civilisation méditerranéenne, par le moyen des Inspirées. Cette civilisation double et une, lutte éperdument dans les âmes des moines, des prêtres, du peuple, contre la conquête par l'esprit du Nord près de livrer, avec Wiclef, tout à l'heure avec Luther, la grande bataille aux nations filles de l'âme helléno-latine. Ce fut cette idée-là qui, confuse, même incomprise de ses élues, avertit de sa détresse les sainte Catherine de Sienne, les sainte Brigitte de Suède, notre Jeanne d'Arc, par l'intermédiaire des visions et des voix. Surhumaines, inexplicables, ces influences ont suggéré aux juges de Rouen l'accusation tragique de sorcellerie. Eux-mêmes ont soupçonné le mystère.

Donc il y eut là une sorte de miracle. Si l'on doit appeler miracle tout effet de forces inconnues, mal étreintes par la science, ou provisoirement niées par elle, mais qui, pourtant, détermine ou ressuscite l'enthousiasme d'une foi. La foi dans la puissance méditerranéenne fut renouvelée par la prédiction et le sacrifice de Jeanne d'Arc consécutifs aux prédictions de sainte Catherine de Sienne, de sainte Brigitte de Suède, contemporaines du Quattrocento et de sa ferveur esthétique.

Des quatre-vingt mille Français qui avaient accompagné Louis d'Anjou, en 1382, pour l'aider à recueillir l'héritage de Naples, beaucoup étaient revenus avec l'émoi de la Renaissance qui commençait à saisir les élites d'Italie. A Compiègne, Jeanne comptait, dans sa troupe, des Italiens. L'esprit civilisateur de la Méditerranée a combattu sous la bannière de « la Bonne Lorraine qu'Anglois bruslèrent dans Rouen ».

Jusqu'à ce jour on s'est uniquement acharné à des explications touchant les personnes et leurs rapports. Ni M. Anatole France, dans son beau livre, ni les commentateurs des partis, ni les érudits en Sorbonne ne cherchèrent ailleurs que, parmi les hallucinations d'une bergère, les causes de cet extraordinaire mouvement national. Ils ne voulurent pas discerner, sous les figures et les gestes des individus, la vie plus réelle peut-être, plus volontaire et plus consciente certainement, de la foi méditerranéenne en peine d'échapper au joug des Nordiques, au joug moral préparé par Wiclef, avant Luther, au joug impérial apporté, dans les plaines d'Azincourt, par Henri V.

L'esprit de la Renaissance lutte contre l'esprit de la Réforme sous les murs d'Orléans. La Hire et

Xaintrailles continuent l'effort de Pétrarque et de Manuel Chrysoloras. Jeanne d'Arc incarne ce formidable élan des idées mères contre les Anglo-Bourguignons, ceux-ci mêlés de Germains.

« La vérité au-dessus de la science », c'est la formule qu'adopte M. Hanotaux pour caractériser ce genre de recherches étendues au-delà des individus et des faits concrets, jusque dans le domaine de ces influences évidentes, mais inexplicables par les moyens actuels de la critique. L'historien distingue quatre mystères dans la vie de Jeanne d'Arc : le mystère de la formation, le mystère de la mission, le mystère de l'abandon, le mystère de la condamnation. Ainsi que le Christ, en effet, Jeanne doit périr reniée, oubliée, sous les coups de l'injustice. Son malheur, en étonnant l'avenir, perpétuera sûrement l'idée que la vierge de Domrémy symbolise ; et qui fait d'elle, divinement, la France.

Malgré l'opinion rationaliste de Pie II qui attribuait l'abdication des chevaliers devant Jeanne, pour la conduite de la guerre, au sentiment politique de ces rivaux moins fâchés de lui céder le pas que de le céder à l'un d'entre eux, ce pape se demande lui-même si la mission de Jeanne ne fut pas divine. Il n'ose, au total, se prononcer. « Il est à l'origine de ces carrières surprenantes, écrit

M. Hanotaux, un premier mystère, celui qui préside à la naissance des grands hommes. Ils apparaissent, dans le temps et dans l'espace, quand une volonté immanente ou un concours de circonstances inanalysable en ont décidé... Sur le fait et les causes de leur apparition toutes les tentatives d'explication rationnelle sont vaines... »

Je rapprocherais de ce passage, volontiers, l'observation relative au destin de Bonaparte, *italien*, affirmissant l'œuvre des conventionnels qu'ils prêchèrent au nom des souvenirs *romains*, comme les Encyclopédistes l'avaient préparée avec tous les exemples de la civilisation *helléno-latine*. N'y a-t-il pas, dans cette même nationalité du général corse et des idées préalables à la Révolution un cousinage à peu près miraculeux aussi. Et le prestige qui le servit auprès de la nation en armes ne dépend-il pas de causes mystérieuses aussi bien que le prestige de Jeanne d'Arc devant la chevalerie de Charles VII ?

Certains prétendent que la secte des Esséniens rattachée, par quelques-uns, aux compagnons d'Hiram, architecte de Salomon, créa, peu à peu, dans toute la Palestine, un état d'esprit, une émotion mentale permanente, et entièrement propice au succès de saint Jean-Baptiste, au triomphe de Jésus. Le Messie fut l'incarnation soudaine de l'idéal communiste, charitable et chaste rêvé par les groupes esséniens. De fait, l'Eglise a, dans la suite, recommandé la plupart des pratiques en honneur parmi ces sages. Ainsi des élites, à travers le temps, reçoivent par fragments la « vérité » qui, en eux, se rassemble, se fortifie de générations en générations, s'éprouve, s'étend, et s'exalte jusqu'à l'heure de s'exprimer dans la vie éblouissante d'un Sauveur. Et les peuples alors reconnaissent, en lui ou en elle, en Jeanne d'Arc ou en Bonaparte le miracle attendu par les espoirs latents des races, par les raisonnements des élites, par l'anxiété des souffrants.

La sociologie et l'interpsychologie sont des sciences encore trop embryonnaires pour qu'elles aient pu commenter suffisamment les évolutions de cette espèce. Esclave des faits précis, contrôlés, datés, l'histoire ne peut guère saisir la continuité de ces phénomènes. Michelet le tenta. Aussi les épigraphistes le blâment-ils. On ne saurait pourtant nier ces influences qui nous semblent prodigieuses, et qui, tout à coup, se glorifient, dans une existence humaine, avant de s'y épuiser, et de laisser mourir leur symbole inconscient sur la croix, sur le bûcher, sur l'îlot. Supplices dont l'horreur assure l'immortalité dans le souvenir des peuples douloureux.

A l'illustre historien de Richelieu, il appartenait d'inscrire ces vérités, puis de les placer courageusement au-dessus de la science qui doit, en principe, les méconnaître. A constater l'universel émoi précédant celui de Jeanne dans les pays latins, et comment il inspira les *voix* entendues par la bergère de Domrémy, comment il détermina la *vocation* de Jeanne, M. Hanotaux a désigné une source nouvelle de connaissances.

Jeanne d'Arc grandit étrangement avec le rôle historique de la France.

TABLE DES MATIÈRES

TABLE DES MATIÈRES

I. — Contre l'Aigle

	Pages
L'enfant tué	9
Les deux Allemagnes	15
Les trois Noëls d'Eisheim	21
L'esprit d'oppression	51
Socialisme et antimilitarisme	61
Pitoyable organisation des grèves	69
La descendance du grenadier	81
La force unanime	89

	Pages
L'antipatriote belliqueux	95
Les chevreuils et la biche	103
Les visages fardés	113
L'esprit normand et l'esprit anglo-saxon	121
La leçon des Chinois	129
Le haro de Copenhague	137

II. — Contre Nous

Inconstance de la foule	155
L'intelligence et la comparaison	185
La luxure et la chasteté créatrices	193
L'organisation de la démocratie	201
Un visage du futur	227
La place du fossé	237
La région	245
Le syndicalisme et l'esprit latin	251
Les murs de Byzance	259
La mode internationale	267
Les époques au logis	275
L'esthétique du ciel	283

	Pages
Eve réhabilitée	304
Eloge de l'ennui	307
L'ultra-violet	315
Les chevaux de Constantin Guys	323
L'évolution d'une race	333
La vérité au-dessus de la science	343

GRENOBLE

IMPRIMERIE
BROTEL & GUIRIMAND
56, av. de la Gare

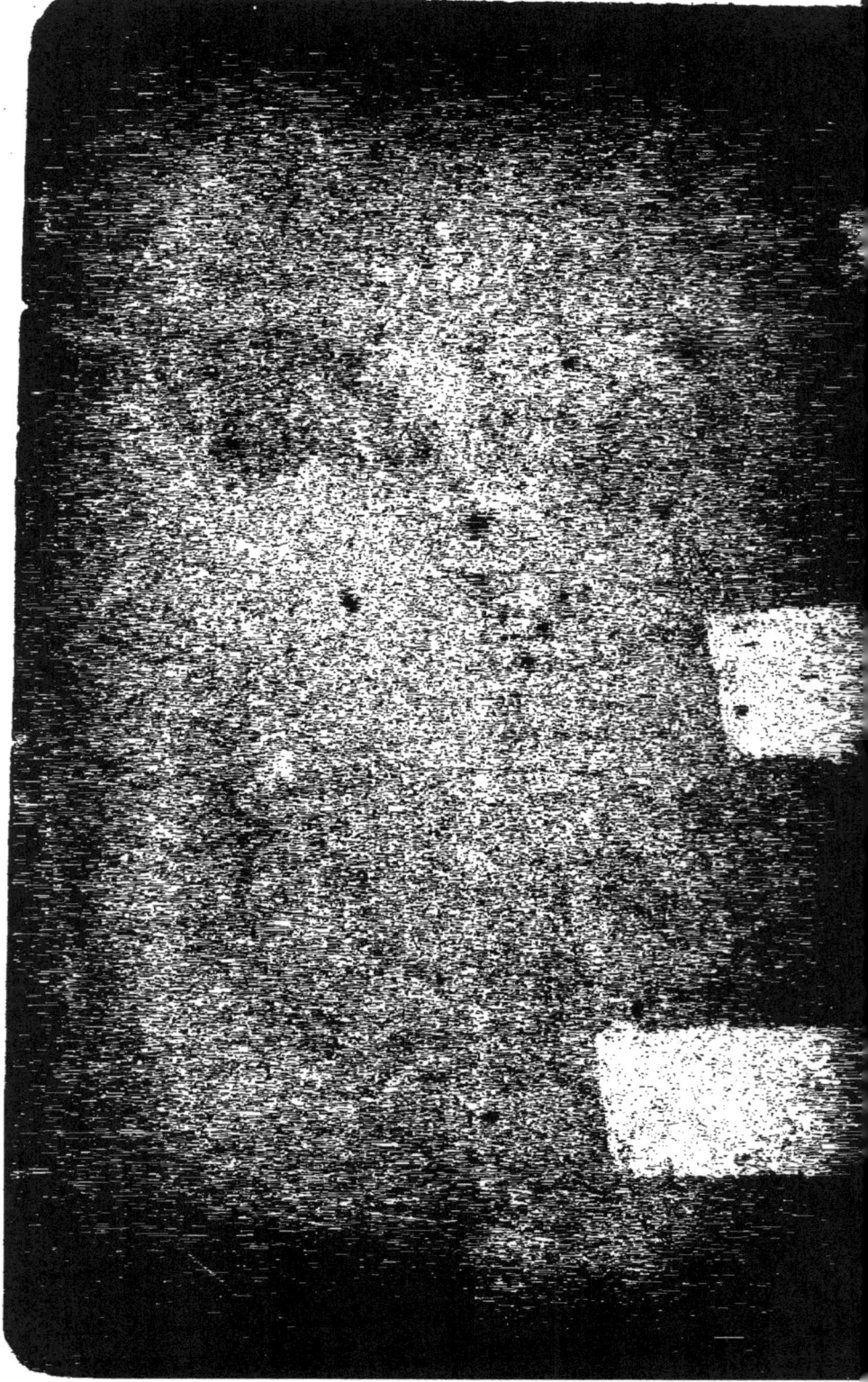